Steiner/Mittländer/Fischer (Hrsg.)

Rechte und Pflichten als Betriebsratsmitglied
Grundwissen für neue Betriebsratsmitglieder
Band 4

AUF DEN PUNKT

In der Reihe *Auf den Punkt* erscheinen 8 Bände mit *Grundwissen für neue Betriebsratsmitglieder*:

Band 1	Mitbestimmung
Band 2	Betriebsratssitzung und Beschlussfassung
Band 3	Betriebsversammlung
Band 4	Rechte und Pflichten als Betriebsratsmitglied
Band 5	Einigungsstelle und Arbeitsgericht
Band 6	Einführung in das Arbeitsrecht
Band 7	Betriebsvereinbarung
Band 8	Das Einmaleins der Betriebswirtschaft

Mit Online-Quiz unter
www.bund-verlag.de/Einsteiger-Quiz

Außerdem sind in der Reihe *Auf den Punkt* erschienen:

Michael Bachner (Hrsg.): BetrVG für den Betriebsrat
Christopher Koll / Maike Koll: Lexikon für den Betriebsrat

Steiner/Mittländer/Fischer (Hrsg.)

Rechte und Pflichten als Betriebsratsmitglied

Grundwissen für neue Betriebsrats-mitglieder

Band 4

Die Autorin und der Autor: Regina Steiner
(Kapitel I – V und VIII)
Jan Tretow
(Kapitel VI – VII)

3., überarbeitete und aktualisierte Auflage

BUND
VERLAG

Bibliografische Information der Deutschen Nationalbibliothek
Die Deutsche Nationalbibliothek verzeichnet diese Publikation in der Deutschen Nationalbibliografie; detaillierte bibliografische Daten sind im Internet über *http://dnb.d-nb.de* abrufbar.

3., überarbeitete und aktualisierte Auflage 2026

Umschlag: felixschramm Visuelle Kommunikation, Großostheim
Satz: Dörlemann Satz, Lemförde
Druck: CPI books GmbH, Birkstr. 10, 25917 Leck

ISBN 978-3-7663-7594-0

kontakt@bund-verlag.de
www.bund-verlag.de

Inhaltsverzeichnis

Abkürzungsverzeichnis

Abs.	Absatz
ArbG	Arbeitsgericht
ArbZG	Arbeitszeitgesetz
Art.	Artikel
BAG	Bundesarbeitsgericht
BetrVG	Betriebsverfassungsgesetz
BDSG	Bundesdatenschutzgesetz
BGB	Bürgerliches Gesetzbuch
BVerfG	Bundesverfassungsgericht
ff.	fortfolgende
GG	Grundgesetz
Hrsg.	Herausgeber
KSchG	Kündigungsschutzgesetz
LAG	Landesarbeitsgericht
Rn.	Randnummer
u. a.	unter anderem
z. B.	zum Beispiel

I. Einführung

Näheres zu den Informations- und Beteiligungsrechten in Band 1[1]

Dieser Band beschäftigt sich mit den Rechten und Pflichten, die die einzelnen Mitglieder des Betriebsrats persönlich betreffen. Er beschäftigt sich nicht mit den Informations- und Beteiligungsrechten des Betriebsrats als Gremium. Die meisten der Rechte und Pflichten der einzelnen Mitglieder sind im Betriebsverfassungsgesetz (BetrVG) verankert, wie z. B. Fragen der Freistellung und der Bezahlung der Betriebsräte. Der Kündigungsschutz findet sich im Betriebsverfassungsgesetz und im Kündigungsschutzgesetz (KSchG). Diese **Rechte** sollen sicherstellen, dass ein Betriebsratsmitglied ungehindert seine Arbeit wahrnehmen kann. Sie garantieren auch eine gewisse Unabhängigkeit der Betriebsratsmitglieder gegenüber dem Arbeitgeber. Eine Behinderung der Betriebsratsarbeit darf nicht stattfinden. Tut der Arbeitgeber dies dennoch, macht er sich strafbar (§ 119 BetrVG). Auch der Anspruch auf Aus- und Fortbildung ist gesetzlich verankert. Er soll gewährleisten, dass sich Betriebsratsmitglieder das Wissen, dass sie für eine erfolgreiche Amtszeit benötigen, aneignen können. Der besondere Kündigungsschutz gibt den Mitgliedern die Sicherheit, dass ihnen wegen der Ausübung des Amtes kein Arbeitsplatzverlust droht. Würde der Arbeitgeber dennoch eine Kündigung aussprechen, hätte er in einem Verfahren vor dem Arbeitsgericht keine Chance.

Aber ein Betriebsratsmitglied hat nicht nur Rechte. Es bestehen gleichzeitig **Pflichten**, z. B. an Betriebsratssitzungen teilzunehmen und die Betriebsratsarbeit zu erledigen. In bestimmten Situationen gibt es Geheimhaltungspflichten. Sie dienen in erster Linie dem Schutz der Interessen des Arbeitgebers. Sie schützen aber auch die Privatsphäre der einzelnen Arbeitnehmer[2] im Betrieb. Denn als Betriebsratsmitglied erfährt man oft

---

1 In der Reihe »Auf den Punkt – Grundwissen für neue Betriebsratsmitglieder« sind insgesamt 8 Bände erschienen (Näheres auf Seite 2).

2 In diesem Werk wird der Einfachheit halber nur die männliche Form verwendet. Die Form schließt alle Geschlechter mit ein.

viel Persönliches und Privates aus dem Leben der Kollegen. Geheimhaltungspflichten ergeben sich nicht nur aus dem Betriebsverfassungsgesetz, sondern auch aus den Vorschriften des Datenschutzgesetzes (BDSG).

! **Verletzt ein Betriebsratsmitglied seine Amtspflichten, kann dies zum Ausschluss aus dem Betriebsrat führen. Eine Kündigung des Arbeitsverhältnisses ist aber in der Regel nicht zulässig.**

II. Die Stellung des Betriebsrats

Interessenvertretung

Das Betriebsverfassungsgesetz gibt dem Betriebsrat vor, zum Wohl der Arbeitnehmer und des Betriebs vertrauensvoll mit dem Arbeitgeber zusammenzuarbeiten (§ 2 BetrVG). Dieser Programmsatz klingt sehr irreführend. Man könnte denken, dass der Betriebsrat in jedem Fall oder gar in erster Linie das »Wohl des Betriebs« im Auge haben muss. Der Betriebsrat ist aber ein Organ der Interessenvertretung. Er vertritt die **Interessen der Belegschaft** und nicht die des Arbeitgebers. Das Betriebsrätegesetz der Weimarer Republik von 1920, ein Vorläufer des heutigen Betriebsverfassungsgesetzes, betonte den Interessengegensatz noch viel eindeutiger (§ 2 BRG 1920):

»Zur Wahrung der gemeinsamen Interessen der Arbeitnehmer (Arbeiter und Angestellten) dem Arbeitgeber gegenüber (...) sind (...) Betriebsräte zu errichten.«

Zwischen den wirtschaftlichen Interessen von Beschäftigten und Arbeitgebern besteht ein Interessengegensatz. Etwas vereinfacht ausgedrückt: Jede Entgelterhöhung und jede Verbesserung der Arbeitsbedingungen, die mit Neuanschaffungen verbunden ist, schmälert die Einnahmen der Unternehmen. So kam selbst das BAG 1955 nicht umhin, dem Betriebsrat zu bescheinigen, dass er in erster Linie die Interessen der Belegschaft wahrzunehmen hat. Das einzelne Betriebsratsmitglied ist dieser Aufgabe verpflichtet. Keinesfalls bedeutet die geforderte »vertrauensvolle Zusammenarbeit«, dass die Interessen der Belegschaft hinter denen der Arbeitgeberseite zurückzutreten haben.

Arbeitskampfverbot

Das Betriebsverfassungsgesetz verpflichtet den Betriebsrat durch die Generalklausel in § 2 dazu, auf **Streikmaßnahmen** und Ähnliches zu verzichten. Dem Betriebsrat steht nur das Instrumentarium des BetrVG zur Verfügung, um seine Interessen durchzusetzen.

Dies wird nochmal in § 74 BetrVG betont. Dort ist festgelegt, dass Maßnahmen des Arbeitskampfes zwischen Betriebsrat und Arbeitgeber unzulässig sind. Diese Vorschrift verpflichtet den Betriebsrat als Gremium, jede Arbeitskampfmaßnahme zu unterlasen. Der Betriebsrat darf auch keinen Streikaufruf unterzeichnen.

Näheres zum Arbeitskampf-verbot in Band 5

Für die Betriebsratsmitglieder bedeutet das, dass sie in ihrer Eigenschaft als Betriebsratsmitglied ebenfalls auf Arbeitskampfmaßnahmen verzichten müssen. Sie können aber sehr wohl als Einzelpersonen ihr Streikrecht uneingeschränkt wahrnehmen. Das Streikrecht ergibt sich aus Art. 9 GG, der Verfassung der Bundesrepublik Deutschland.

Beispiel:
Der Betriebsratsvorsitzende und zwei weitere Mitglieder haben im April 2011 über den E-Mail-Account des Betriebsrats zu einem Warnstreik der Gewerkschaft ver.di aufgerufen. Die E-Mail wurde an alle Beschäftigten des Betriebs verschickt. Der Aufruf war mit den Namen der Betriebsratsmitglieder unterzeichnet. Er enthielt außerdem einen Hinweis, dass es sich um Mitglieder des Betriebsrats bzw. dessen Vorsitzenden handelt, die im Auftrag der ver.di-Betriebsgruppe handelten. Ein solches Verhalten verstößt gegen die sogenannte Neutralitätspflicht des Betriebsrats.[3] Ein Betriebsrat darf nicht zum Streik aufrufen. Da die Kollegen hinter ihrem Namen vermerkt hatten, dass sie im Betriebsrat sind, könnte man denken, der Aufruf käme vom Betriebsrat. Außerdem ist der Arbeitgeber nicht verpflichtet, sein E-Mail-System für einen Streikaufruf zur Verfügung zu stellen.

Das Vorgehen der Kollegen wäre unangreifbar gewesen, wenn sie den Streikaufruf lediglich mit ihrem Namen und nicht als Betriebsratsmitglieder unterzeichnet hätten. Dann hätten sie als Einzelpersonen gehandelt. Wären sie nur als Mitglieder der ver.di-Betriebsgruppe an die Belegschaft herangetreten, wäre das kein Verstoß gegen das **Neutralitätsgebot** aus dem BetrVG. Das E-Mail-System des Arbeitgebers dürfte aber auch in diesem Fall nicht für den Aufruf verwendet werden.
Die DGB-Gewerkschaften fordern aufgrund der Erfahrung aus der Covid-19-Pandemie ein elektronisches Zugangsrecht in die Betriebe. In Zeiten, in denen Homeoffice und mobiles Arbeiten sich ausbreiten, wird es immer schwieriger, Beschäftigte anzusprechen. Aber bislang gibt es ein solches Zugangsrecht nicht. Der Koalitionsvertrag der 21. Legislaturperiode hat sich zur Aufgabe gesetzt, den Gewerkschaften ein digitales Zugangsrecht zu den Betrieben einzuräumen. Eine entsprechende Gesetzesvorlage gibt es aber bislang nicht.[4]

---

3 BAG 15.10.2013 – 1 ABR 31/12.
4 Koalitionsvertrags der 21. Legislaturperiode, Zeile 582.

III. Das Betriebsratsamt als Ehrenamt

Die Mitglieder des Betriebsrats führen ihr Amt **unentgeltlich als Ehrenamt** (§ 37 Abs. 1 BetrVG). Sie dürfen in der Ausübung ihrer Tätigkeit nicht behindert werden.

Unabhängigkeit gewährleisten

Für die Betriebsratstätigkeit an sich darf kein Entgelt geleistet werden. Eine Bezahlung der Betriebsratsarbeit würde die Unabhängigkeit der Mitglieder gefährden. Denn wer für seine Betriebsratstätigkeit besonders entlohnt oder gar belohnt wird, ist nicht wirklich frei in seinen Entscheidungen.

In vielen Fällen muss der Betriebsrat Forderungen im Interesse der Belegschaft vertreten, die auf erheblichen Widerstand der Arbeitgeberseite treffen. Wer dem Arbeitgeber aber gleichzeitig dankbar für eine Extravergütung oder andere Vergünstigungen sein muss, wird das nicht können. Die Arbeitsgerichte urteilen sehr streng, wenn sie entscheiden müssen, ob jemand nur wegen der Betriebsratsarbeit bessergestellt wird.

1. Keine Begünstigung

Die Mitglieder dürfen wegen ihrer Betriebsratstätigkeit nicht bevorzugt werden (§ 78 BetrVG).

Unzulässige Vorteile erkennen lernen

> **Begriffserklärung:**
> Eine Begünstigung ist jede Gewährung eines Sondervorteils, die nicht aus sachlichen Erwägungen erfolgt, sondern wegen der Tätigkeit als Betriebsratsmitglied.

Der wahrscheinlich bekannteste Fall der Begünstigung ist der des Betriebsratsvorsitzenden, der sich von seinem Arbeitgeber Fernreisen und Bordellbesuche bezahlen ließ.[5]
Aber nicht immer ist eine Begünstigung so einfach zu erkennen. Und nicht immer stecken dahinter mehr oder weniger eindeutige Bestechungsversuche.
Das zeigen die folgenden **Fälle aus der Praxis**:

> **Beispiel 1:**
> Eine Teilzeitbeschäftigte war mit einer wöchentlichen Arbeitszeit von 19,25 Stunden beschäftigt und erhielt für diese Arbeitszeit das entsprechende Entgelt. Sie wurde Mitglied des Betriebsrats und für diese Tätigkeit freigestellt. Bei dieser Gelegenheit wurde vereinbart, dass sie nun ein Entgelt für eine Arbeitszeit von 30 Stunden pro Woche erhält. Diese Entgelterhöhung sollte ein Ausgleich dafür sein, dass die Beschäftigte regelmäßig mehr als 19,25 Stunden pro Woche für den Betriebsrat arbeitete. Die genaue Arbeitszeit wurde nicht festgehalten.

Die Vereinbarung der Teilzeitbeschäftigten mit dem Arbeitgeber sieht auf den ersten Blick vernünftig aus. Denn wer sich in der Betriebsratsarbeit engagiert, weiß, dass die zur Verfügung stehende Arbeitszeit meistens nicht wirklich ausreicht. Zu vielfältig sind die Aufgaben- und Problemstellungen in den Betrieben. Die »To-do-Liste« abzuarbeiten ist schier unmöglich, ständig kommen neue Aufgaben hinzu.

Keine pauschale Lohnerhöhung

Die Vereinbarung ist dennoch eine unzulässige Begünstigung. Denn nur wegen der Betriebsratstätigkeit erfolgte eine höhere Bezahlung. Dabei spielt es keine Rolle, dass das Mitglied für den Betriebsrat auch tatsächlich mehr gearbeitet hat als früher in seiner Tätigkeit am regulären Arbeitsplatz. Eine pauschale Erhöhung des Entgelts ist nicht möglich. Sie stellt das Betriebsratsmitglied wegen seines Ehrenamtes besser als andere Teilzeitbeschäftigte im Betrieb. Diese bekommen nämlich keine pauschale monatliche Erhöhung ihres Entgelts, wenn sie Überstunden leisten müssen.[6] Bezahlt werden nur die geleisteten Stunden.
Dies bedeutet nicht, dass das Betriebsratsmitglied für die erbrachte Arbeitszeit außerhalb der vertraglich vereinbarten Arbeitszeit grundsätzlich kein Entgelt erhält. Die Bezahlung richtet sich aber nach bestimmten Grundsätzen (siehe hierzu Seite 27 ff.).

5 LG Braunschweig 25. 1. 2007 – 6 KLs 48/06.
6 BAG 16. 2. 2005 – 7 AZR 95/04.

Beispiel 2:
Ein Betriebsratsmitglied wurde für die Betriebsratstätigkeit freigestellt. Aus diesem Grund musste es nun jeden Tag in die Betriebsstätte A fahren, um zum Betriebsratsbüro zu gelangen. Sein ursprünglicher Arbeitsplatz befindet sich jedoch in der Betriebsstätte B, die wesentlich näher beim Wohnort liegt. Dadurch entstanden dem Betriebsratsmitglied höhere Fahrtkosten. Der Arbeitgeber hat diese Fahrtkosten erstattet.

Übernahme von Fahrtkosten

Das ist nach Meinung des BAG nicht korrekt. Es ist grundsätzlich Sache jedes Arbeitnehmers, auf eigene Kosten zur Arbeitsstätte zu gelangen. Jeder Arbeitnehmer, der freiwillig einen anderen Arbeitsort akzeptiert, muss auch die **Kosten für den Arbeitsweg** aufbringen. Nichts anderes gälte, wenn sich ein Betriebsratsmitglied freistellen ließe und sich dadurch der Arbeitsort ändert. Werden die Fahrtkosten durch den Arbeitgeber bezahlt, dann stellt das eine unzulässige Begünstigung dar.[7] Die Angelegenheit wäre nur dann anders zu beurteilen, wenn alle Arbeitnehmer, die durch eine Versetzung einen längeren Arbeitsweg hinnehmen müssten, die Fahrtkosten durch den Arbeitgeber erstattet bekämen.

Zusammenfassend kann man festhalten, dass in der Regel alles, was ein Betriebsratsmitglied wegen seiner Betriebsratstätigkeit erhält, eine unzulässige Begünstigung ist. **!**

Ist der Fall schwierig zu beurteilen, sollte man sich folgende Fragen stellen:

- *Würde ich diese Leistung vom Arbeitgeber auch erhalten, wenn ich nicht im Betriebsrat wäre?*
  Lautete die Antwort »nein«, liegt es nahe, dass hier eine Begünstigung vorliegt. Die zusätzliche Leistung wäre aber dann gerechtfertigt, wenn damit Nachteile ausgeglichen werden, die gerade durch die Betriebsratsarbeit entstehen.
- *Können andere Arbeitnehmer, die kein Betriebsratsamt ausüben, auch einen solchen Nachteil erleiden?*
  Wenn diese Frage mit »nein« beantwortet wird, dann ist die zusätzliche Leistung in der Regel gerechtfertigt.
  Beantwortet man die Frage mit »ja«, ist die Leistung nur gerechtfertigt, wenn andere Arbeitnehmer die Leistungen auch erhalten.

---

7 BAG 13.6.2007 – 7 ABR 62/06.

2. Keine Benachteiligung

Keine Furcht vor Maßregelung oder Sanktionen

Die Mitglieder des Betriebsrats dürfen wegen ihrer Arbeit für den Betriebsrat nicht benachteiligt werden (§ 78 BetrVG).

> **Begriffserklärung:**
> Eine Benachteiligung ist jede Schlechterstellung im Vergleich zu anderen Beschäftigten, die nicht auf sachlichen Gründen, sondern auf der Betriebsratstätigkeit beruht.

Zwar darf die Tätigkeit für den Betriebsrat nicht bezahlt werden. Andererseits darf ein Beschäftigter wegen dieser Tätigkeit aber auch keine Nachteile erleiden. Nachteile würden die Beschäftigten davon abhalten, sich in den Betriebsrat wählen zu lassen. Sie könnten auch dazu führen, dass der Betriebsrat seine Mitbestimmungsrechte aus Furcht vor Sanktionen nicht ausübt. Dies soll nicht passieren, deshalb verbietet das BetrVG jede Benachteiligung.

Das Betriebsratsmitglied ist deshalb so zu behandeln, als ob es nicht im Betriebsrat wäre. Es muss alle Vergünstigungen erhalten, die vergleichbare andere Beschäftigte bekommen. Hierzu einige Beispiele:

> **Beispiele:**
> 1. Gibt es in einem Betrieb Zusatzurlaub für in Wechselschicht arbeitende Beschäftigte, dann erhält auch das Betriebsratsmitglied diesen Zusatzurlaub. Bedingung dafür ist, dass das Betriebsratsmitglied auf seinem Arbeitsplatz in Wechselschicht tätig ist bzw. ursprünglich tätig war. Denn der Zusatzurlaub muss auch dann gewährt werden, wenn das Mitglied nicht mehr in Wechselschicht arbeitet, z. B. weil es mittlerweile für die Betriebsratsarbeit freigestellt ist.[8]
> 2. Wird einem Beschäftigten auf Widerruf vorrübergehend eine Tätigkeit in einer höheren Tarifgruppe übertragen, darf die Tätigkeit nicht widerrufen werden, weil er mittlerweile Mitglied des Betriebsrats ist oder für den Betriebsrat freigestellt wurde. Für den Widerruf benötigt der Arbeitgeber sachliche Gründe, die nichts mit der Betriebsratstätigkeit zu tun haben dürfen.[9]
> 3. Erhalten die Beschäftigten im Betrieb Aktienoptionen oder andere Vergünstigungen, dürfen die Betriebsratsmitglieder hiervon nicht ausgeschlossen werden. Können sie bestimmte Vergünstigungen wegen

8 BAG 7.11.2007 – 7 AZR 820/06.
9 BAG 13.1.1981 – 6 AZR 678/78.

der Betriebsratsarbeit nicht in Anspruch nehmen, ist dieser Nachteil auszugleichen.[10]

Entwicklung des Entgelts

Das Benachteiligungsverbot erstreckt sich auch auf die Vergütung von Betriebsratsmitgliedern. Das Arbeitsentgelt darf auf keinen Fall geringer sein als das Arbeitsentgelt von vergleichbaren Beschäftigten mit betriebsüblicher Entwicklung (§ 37 Abs. 4 BetrVG). So soll sichergestellt werden, dass Mitglieder des Betriebsrats nicht von der betriebsüblichen beruflichen Entwicklung ausgeschlossen werden.
Traurige Realität in den Betrieben ist, dass Mitglieder des Betriebsrats nur noch eingeschränkt oder gar nicht auf höher bezahlte und höher qualifizierte Stellen befördert werden. Wenn es gelingt, nachzuweisen, dass vergleichbare Beschäftigte befördert wurden, muss der Arbeitgeber dem betroffenen Betriebsratsmitglied zumindest das gleiche Entgelt bezahlen – und zwar unabhängig davon, ob es die Stelle tatsächlich ausübt.

Beispiel:
Ein Betriebsratsmitglied hat vor 10 Jahren seine Lehre zum Mechatroniker in einem Betrieb gemacht. Mit ihm in der Ausbildung waren noch die Kollegen A, B, und C sowie die Kollegin D. D hat sich zwischenzeitlich durch ein Abendstudium zur Ingenieurin weiterqualifiziert und wird auch so beschäftigt. A, B und C haben den betriebsüblichen Entwicklungsweg genommen und sich im Laufe der Jahre vom Facharbeiter der Entgeltgruppe 5 weiterentwickelt und sind nun mit Tätigkeiten beschäftigt, die mit der Entgeltgruppe 7 oder 8 vergütet werden. Das Betriebsratsmitglied bekommt immer noch die Entgeltgruppe 5, weil es gleich nach der Ausbildung für den Betriebsrat freigestellt wurde und nicht mehr in seinem Lehrberuf gearbeitet hat.

Bemessung anhand vergleichbarer Kollegen

Dieses Betriebsratsmitglied hat mindestens Anspruch auf eine Vergütung nach der Entgeltgruppe 7, weil die Kollegen A, B und C mit ihm vergleichbar sind. Alle haben gemeinsam die gleiche Ausbildung absolviert und arbeiten seit 10 Jahren in dem Betrieb. Die Kollegin D ist nicht vergleichbar. Zwar hat auch sie vor 10 Jahren ihre Ausbildung zur Mechatronikerin abgeschlossen. Aber durch ihre Zusatzqualifikation hat sie keine betriebsübliche Entwicklung genommen. Sie fällt quasi »aus dem Rahmen«.

Das Entgelt der Betriebsratsmitglieder darf für die gesamte Amtszeit und nach deren Ablauf noch für ein weiteres Jahr nicht geringer bemessen werden als das Entgelt vergleichbarer Arbeitnehmer. Diese Regel gilt

10 BAG 16.1.2008 – 7 AZR 887/06.

nicht nur für das monatliche Entgelt, sondern für alle Zuwendungen des Arbeitgebers, wie z. B. Zusatzurlaub, Gratifikationen, Dienstwagen etc. Das BetrVG eröffnet seit Juli 2024 die Möglichkeit, mit dem Arbeitgeber eine Betriebsvereinbarung zu schließen, in der das Verfahren zur Festlegung vergleichbarer Personen festgelegt wird. Diese Betriebsvereinbarung ist aber nicht erzwingbar. Das heißt, wenn der Arbeitgeber keine Vereinbarung möchte, verbleibt es dabei, dass man als Betriebsratsmitglied im Streitfall darlegen und beweisen muss, welche Arbeitnehmer vergleichbar sind.

Hinweis:
Wird ein Betriebsratsmitglied freigestellt, empfiehlt es sich, mit dem Arbeitgeber über die vergleichbaren Arbeitnehmer zu sprechen. Legt man den Kreis der vergleichbaren Arbeitnehmer einvernehmlich fest, kann man sich bei Entgelterhöhungen daran orientieren und den Durchschnitt aller Entgelterhöhungen aus dem Kreis dieser Arbeitnehmer bilden. Um diesen Durchschnittswert wird dann das Entgelt des Betriebsratsmitglieds erhöht. Das Prozedere kann auch in einer Betriebsvereinbarung geregelt werden, die für Arbeitgeber und Betriebsrat bindend ist.

IV. Freistellung für die Betriebsratsarbeit

1. Freistellung von der gesamten beruflichen Tätigkeit (§ 38 BetrVG)

a. Schwellenwert und Anzahl der Freistellungen

Generelle Entbindung von der Arbeitsleistung

Sind in einem Betrieb **mehr als 200 Arbeitnehmer** beschäftigt, muss der Betriebsrat ein oder mehrere Mitglieder von der Arbeitsleistung freistellen (§ 38 Abs. 1 BetrVG). So soll in größeren Betrieben die Arbeitsfähigkeit des Betriebsrats gesichert werden. Das bedeutet, dass diese Mitglieder nicht mehr an ihrem ursprünglichen Arbeitsplatz arbeiten, sondern ausschließlich Betriebsratsaufgaben erledigen.
Die **Anzahl der Freistellungen** richtet sich nach der Betriebsgröße (§ 38 BetrVG):

»In Betrieben mit in der Regel

200 bis	*500 Arbeitnehmern*	*1 Betriebsratsmitglied,*
501 bis	*900 Arbeitnehmern*	*2 Betriebsratsmitglieder,*
901 bis	*1500 Arbeitnehmern*	*3 Betriebsratsmitglieder,*
1501 bis	*2000 Arbeitnehmern*	*4 Betriebsratsmitglieder,*
2001 bis	*3000 Arbeitnehmern*	*5 Betriebsratsmitglieder,*
3001 bis	*4000 Arbeitnehmern*	*6 Betriebsratsmitglieder,*
4001 bis	*5000 Arbeitnehmern*	*7 Betriebsratsmitglieder,*
5001 bis	*6000 Arbeitnehmern*	*8 Betriebsratsmitglieder,*
6001 bis	*7000 Arbeitnehmern*	*9 Betriebsratsmitglieder,*
7001 bis	*8000 Arbeitnehmern*	*10 Betriebsratsmitglieder,*
8001 bis	*9000 Arbeitnehmern*	*11 Betriebsratsmitglieder,*
9001 bis	*10 000 Arbeitnehmern*	*12 Betriebsratsmitglieder,*

über 10 000 Arbeitnehmern je angefangene weitere 200 Arbeitnehmer ein weiteres Betriebsratsmitglied.«

Leiharbeiter

Bei der Anzahl der Beschäftigten im Betrieb zählen die Leiharbeitnehmer mit. Denn auch für diese ist der Betriebsrat in vielen Fragen der Mitbestimmung zuständig.

Mindestanzahl

Bei der oben dargestellten Anzahl der Freistellungen nach § 38 BetrVG handelt es sich um die Mindestanzahl der Freistellungen. Es kann jederzeit eine Vereinbarung mit dem Arbeitgeber getroffen werden, eine größere Anzahl von Mitgliedern freizustellen. Die Vereinbarung kann in einer Betriebsvereinbarung oder einem Tarifvertrag festgehalten werden.

b. Das Freistellungsverfahren

Das Freistellungsverfahren läuft folgendermaßen ab:

1. In einer **ersten Betriebsratssitzung** wird diskutiert, wer für die Freistellung in Frage kommt. Es erfolgt eine geheime Wahl. Gibt es nur einen Wahlvorschlag (eine Liste) oder ist nur eine Person zu wählen, erfolgt die Wahl als Mehrheitswahl. Bei mehreren Wahlvorschlägen (mehrere Listen) wird die Wahl als Verhältniswahl durchgeführt. Diese Wahl ist nur vorläufig und noch nicht endgültig.

Musterschreiben Einladung des Arbeitgebers zur Beratung auf Seite 70

2. Vor der endgültigen Entscheidung des Betriebsrats erfolgt eine **Beratung mit dem Arbeitgeber** über die Freistellung. Dazu wird der Arbeitgeber in die Betriebsratssitzung eingeladen. In dieser Sitzung kann auch darüber beraten werden, ob mehr als die vom Gesetz vorgesehene Mindestzahl der Freistellungen erforderlich ist. Der Arbeitgeber erhält Gelegenheit, seine Bedenken zu äußern oder andere Personen vorzuschlagen. Der Betriebsrat muss aber weder den Bedenken des Arbeitgebers Rechnung tragen noch andere vorgeschlagene Personen in Erwägung ziehen. Er hat letztendlich das alleinige Entscheidungsrecht.
3. In einer **weiteren Betriebsratssitzung** ohne Beteiligung des Arbeitgebers werden die Freizustellenden in geheimer Wahl gewählt. Gibt es nur einen Wahlvorschlag oder ist nur eine Person zu wählen, erfolgt die Wahl als Mehrheitswahl. Bei mehreren Wahlvorschlägen wird die Wahl als Verhältniswahl durchgeführt.

Musterschreiben Bekanntgabe der Freistellung an den Arbeitgeber auf Seite 71

4. Der **Arbeitgeber erhält** eine **Mitteilung** über die Freizustellenden.
5. Der **Arbeitgeber kann** die **Einigungsstelle anrufen**, wenn er die Wahl der Freizustellenden für sachlich nicht vertretbar hält. Dafür hat er 14 Tage Zeit. Die Einigungsstelle ist eine Kommission, die mit gleich vielen Personen von der Arbeitgeberseite und der Betriebsratsseite als sogenannte Beisitzer besetzt ist. Den Vorsitz hat meist ein Arbeitsrichter. Seine Stimme ist ausschlaggebend, wenn in der Eini-

gungsstelle keine Einigung zwischen Betriebsrat und Arbeitgeber herbeigeführt werden kann.

Gründe gegen die Freistellung

Die Anrufung der Einigungsstelle kommt in der Praxis äußert selten vor. Denn es müssen objektiv zwingende Gründe vorliegen, die gegen die Freistellung einer bestimmten Person sprechen. Das wäre z. B. der Fall, wenn der Betriebsrat aus einer kleinen Abteilung mehrere Personen freistellt und damit die Funktionsfähigkeit der Abteilung nicht mehr gegeben ist. Die Einigungsstelle würde dann abschließend über die Freistellung entscheiden.

c. Teilweise Freistellung mehrerer Mitglieder

Die Freistellung kann auch als Teilfreistellung erfolgen. Steht dem Betriebsrat z. B. eine Freistellung zu, so kann er dennoch mehrere Mitglieder freistellen, allerdings nur teilweise. Das bedeutet, dass diese Mitglieder nur einen Teil ihrer Arbeitstage mit Betriebsratsaufgaben verbringen und den anderen Teil mit ihren ursprünglichen Arbeitsaufgaben. Teilfreistellungen ermöglichen es, Teilzeitbeschäftigte freizustellen, ohne dass die restliche Zeit der Freistellung verloren geht. Für die verbleibende Zeit kann der Betriebsrat ein anderes Mitglied teilweise freistellen.

Beispiel:
Die Kollegin A ist mit einem Arbeitsvertrag von 20 Stunden pro Woche beschäftigt. Der Betriebsrat beschließt, sie freizustellen. Im Betrieb gilt die 35-Stunden-Woche. Der Betriebsrat kann nun ein weiteres Mitglied für 15 Stunden in der Woche freistellen.

Die Möglichkeit der Teilfreistellung erleichtert es den Betriebsratsmitgliedern, sich für eine Freistellung zu entscheiden. Denn oftmals fürchten Mitglieder, ihr berufliches Wissen zu verlieren, wenn sie nicht mehr in ihrem ursprünglichen Job arbeiten. Beispielsweise in IT-Betrieben, wo die Entwicklung der Produkte besonders schnelllebig ist, ist die Teilfreistellung eine gute Option. So können die Mitglieder neben der Betriebsratsarbeit weiterhin aktiv an der beruflichen Entwicklung teilhaben und verlieren nicht den beruflichen Anschluss.

2. Arbeitsbefreiung in erforderlichem Umfang (§ 37 Abs. 2 BetrVG)

Freistellung für konkrete Betriebsratsaufgaben

Unabhängig von der völligen Freistellung einzelner Betriebsratsmitglieder nach § 38 BetrVG haben alle Mitglieder des Betriebsrats das Recht, für die Betriebsratsarbeit von ihrer beruflichen Tätigkeit befreit zu werden (§ 37 Abs. 2 BetrVG). Die Arbeitsbefreiung nach § 37 ist unabhängig von der Betriebsgröße und hat keine völlige Entbindung von der beruflichen Tätigkeit zur Folge. Der Umfang der Arbeitsbefreiung richtet sich danach, was zur Erfüllung der Betriebsratsaufgaben erforderlich ist. Die Befreiung dauert nur so lange, wie der konkrete Anlass es erfordert, also z. B. so lange, wie die Betriebsratssitzung dauert.

!

Die Pflicht des Arbeitsgebers, Betriebsratsmitglieder für ihre Aufgaben freizustellen, zeigt, dass der Gesetzgeber dem Betriebsratsamt den Vorrang vor der Erfüllung arbeitsvertraglicher Pflichten einräumt.[11] Kurz gesagt: Das Betriebsratsamt geht vor.

a. Anlass der Arbeitsbefreiung

Übersicht: Weitere Aufgaben des Betriebsrats auf Seite 72

Die Aufgaben, die der Betriebsrat und seine Mitglieder wahrnehmen, sind vielfältig und können hier nicht abschließend aufgezählt werden. Zunächst einmal ist festzuhalten, dass die Teilnahme an der Betriebsratssitzung ohne »Wenn und Aber« zu den Betriebsratsaufgaben zählt. Die Befreiung von der Arbeitspflicht hierfür ist in jedem Fall erforderlich. Auf die Betriebsratssitzung muss sich das Mitglied aber auch vorbereiten. Wer unvorbereitet in die Sitzung geht, läuft Gefahr, sich von Ereignissen und Begebenheiten überrumpeln zu lassen. Auch hierfür kann eine Befreiung in Anspruch genommen werden.

b. Beschluss des Betriebsrats

Aufgabenverteilung ist Sache des Betriebsrats

In der Betriebsratssitzung wird beschlossen, wer für welche Aufgaben verantwortlich ist. Wird eine Aufgabe übertragen (z. B. Überprüfung der Einhaltung des Arbeitszeitgesetzes im Betrieb), ist das Betriebsratsmitglied hierfür von der Arbeit zu befreien.

Der Arbeitgeber kann die erforderliche Befreiung nicht ablehnen. Denn es handelt sich um eine Aufgabe, die der Betriebsrat von Gesetzes wegen zu erfüllen hat (§ 80 BetrVG). Oftmals argumentieren Arbeitgeber da-

---

11 Wedde in BetrVG Kommentar, Däubler/Klebe/Wedde, § 37 Rn. 10.

mit, dass doch ein dauerhaft freigestelltes Mitglied die Aufgaben übernehmen könnte. Dann käme es zu weniger Störungen im Betriebsablauf. Dafür sei die Freistellung ja schließlich da. Es steht dem Betriebsrat aber grundsätzlich frei zu entscheiden, wie er seine Arbeit verteilt und wer die entsprechenden Aufgaben wahrnehmen soll. Selbstverständlich müssen dauerhaft freigestellte Mitglieder nicht alle Aufgaben des Betriebsrats erledigen. Das wäre zeitlich gar nicht möglich ist. Der Betriebsrat ist ein Gremium, im Idealfall sollte die **Arbeit gleichmäßig auf alle Schultern verteilt** werden.

> **Hinweis:**
> Jedes Betriebsratsmitglied hat einen Rechtsanspruch auf Befreiung von der Arbeit, wenn es sich
> 1. um die Durchführung einer Betriebsratsaufgabe handelt und
> 2. die Arbeitsbefreiung zur ordnungsgemäßen Durchführung dieser Aufgabe erforderlich ist.

c. Erforderlichkeit der Arbeitsbefreiung

Beurteilung durch den Betriebsrat

Was im konkreten Fall erforderlich ist, lässt sich nicht abstrakt und generell beschreiben. Wie viele Mitglieder für welche Dauer von der Arbeitsleistung freizustellen sind, entschiedet der Betriebsrat nach gewissenhafter Überlegung und unter Abwägung der Interessen des Betriebs, des Betriebsrats und der Belegschaft. Der Betriebsrat hat hier einen sogenannten **Ermessensspielraum**. Das heißt, er darf den Umfang der Freistellung innerhalb bestimmter Grenzen selbst beurteilen. Keinesfalls muss er die Interessen von Belegschaft und Betriebsrat generell hinter denen des Betriebs zurückstellen.
Bei der Entscheidung des Betriebsrats werden die Größe des Betriebs, die Fülle der Betriebsratsaufgaben, die Aktivität des Betriebsrats aber auch die individuellen Fähigkeiten und Arbeitsweisen der einzelnen Mitglieder eine entscheidende Rolle spielen. Muss sich ein Betriebsratsmitglied in eine bestimmte Materie einarbeiten, wird es mehr Zeit benötigen als ein erfahrenes Mitglied. Dazu kommt, dass manche Menschen langsamer als andere arbeiten und lernen.

Schichtarbeit

Für Betriebsratsmitglieder in Schichtbetrieben kann es erforderlich sein, Schichten abzukürzen oder gar nicht erst anzutreten, um z. B. zur Betriebsratssitzung gehen zu können. Diese finden regelmäßig am Tag und nicht während der Nachtschicht statt. Von einem **Nachtarbeiter** kann nicht verlangt werden, dass er nach der Nachschicht zur Betriebsratssitzung geht. Das BAG hat entschieden, dass ein Nachtarbeiter berechtigt ist, seine Nachtschicht abzukürzen, wenn er am nächsten Tag zur Betriebsratssitzung geladen ist. Er kann seine Nachtschicht so vorzeitig beenden, dass sich daran eine ununterbrochene 11-stündige Ruhezeit anschließt, bevor die Betriebsratssitzung beginnt.[12] Das dient dem Arbeits- und Gesundheitsschutz. Die Vorgabe einer 11-stündigen Ruhezeit ergibt sich aus dem Arbeitszeitgesetz (§ 5 Abs. 1 ArbZG).

Beispiel:
Die Betriebsratssitzung ist für 9:00 Uhr am Donnerstagmorgen angesetzt. Ein Betriebsratsmitglied muss seine Schicht daher spätestens am Mittwochabend um 22:00 Uhr beenden – egal, wie lange diese üblicherweise dauern würde. Nur so kann die Ruhezeit von elf Stunden eingehalten werden. In diesen Fällen ist es also erforderlich, das Betriebsratsmitglied schon vor Beginn der Betriebsratsarbeit (vor Beginn der Sitzung) freizustellen.

Ein Nachteil bei der Bezahlung darf dadurch nicht entstehen (siehe dazu Seite 18ff.). Für den Arbeitgeber bestünde allerdings die Möglichkeit, das Betriebsratsmitglied vor der Betriebsratssitzung in Tagschicht zu beschäftigen, sofern das mit den Grundsätzen des Arbeitszeitgesetzes im Einklang steht (Ruhezeiten, Höchstarbeitszeit etc.) und nicht gegen eine Betriebsvereinbarung zur Schichtarbeit verstößt.

12 BAG 18.1.2017 – 7 AZR 224/15.

V. Entgeltfragen und Freizeitausgleich

Verbot der Minderung des Arbeitsentgelts

Wie bereits beschrieben, ist das Betriebsratsamt ein Ehrenamt. Dennoch wird es nicht wie andere Ehrenämter, die viele in ihrer Freizeit ausüben, behandelt. Im Unterschied zu einem Ehrenamt z. B. in einem Sportverein wird das Betriebsratsmandat im Interesse des Betriebs und der Belegschaft ausgeübt. Es besteht damit ein enger Bezug zum Arbeitsverhältnis. Die Betriebsratsarbeit muss deshalb nicht unentgeltlich zusätzlich zur eigentlichen Arbeit verrichtet werden. Dazu gibt es eine Vorschrift im BetrVG, die das ausdrücklich regelt. Betriebsratsmitglieder sind für die Betriebsratsaufgaben **ohne Minderung des Arbeitsentgelts** freizustellen (§ 37 Abs. 2 BetrVG).

1. Betriebsratstätigkeit während der Arbeitszeit

Kein Entgeltausfall

Die Regel ist, dass die Betriebsratsarbeit während der Arbeitszeit zu erledigen ist. Nur dann wird das Betriebsratsmitglied von der Arbeitsleistung freigestellt und das Entgelt weitergezahlt. Anders ausgedrückt: Wer Betriebsratsarbeit außerhalb seiner Arbeitszeit in der Freizeit erledigt, erhält dafür in der Regel keine Bezahlung.

Wird das Betriebsratsmitglied von seiner Arbeit freigestellt, darf sich das Entgelt nicht verringern. Es muss das gleiche Entgelt bezahlt werden, das das Betriebsratsmitglied erhalten würde, wenn es normal gearbeitet hätte (sogenanntes **Entgeltausfallprinzip**). Dies gilt auch für dauerhaft freigestellte Betriebsratsmitglieder.

Anspruch auf Zulagen und Zuschläge

Bezahlt werden müssen auch alle Zuschläge, Zulagen, Prämien, Sonderzahlungen etc.

Bei Akkord- und Prämienlohn muss der durchschnittliche Lohn aus der bisherigen Leistung bezahlt werden. Dies gilt auch für Provisionen. In der Regel berechnet man den Durchschnitt aus den letzten 12 Monaten.

Beispiel:
Kann ein Betriebsratsmitglied die Nachtschicht nicht antreten, weil es am nächsten Tag zu einer Sitzung muss, erhält es dennoch die Vergütung für die Nachtschicht – einschließlich aller Zuschläge. Denn die Nachtschicht ist nur wegen der Betriebsratsarbeit ausgefallen. Das gilt selbst dann, wenn eine Schicht nicht komplett gearbeitet werden kann. Sie muss trotzdem voll bezahlt werden.

2. Ausgleich für Betriebsratstätigkeit außerhalb der Arbeitszeit

Betriebsbedingte Gründe

Es gibt eine Reihe von Gründen, die es einfach unmöglich machen, die Betriebsratsarbeit während der Arbeitszeit zu erledigen. Wenn das betriebsbedingte Gründe sind, erhält das Betriebsratsmitglied für die aufgewendete Zeit einen Ausgleichsanspruch (§ 37 Abs. 3 BetrVG).
Solche **betriebsbedingten Gründe** können sein:

- Die Verhandlungen mit dem Arbeitgeber über eine neue Betriebsvereinbarung dauern länger als das Betriebsratsmitglied an diesem Tag hätte arbeiten müssen.
- Der Arbeitgeber fordert den Betriebsrat zu einem Gespräch auf, das teilweise oder ganz außerhalb der Arbeitszeit des Betriebsratsmitglieds liegt. Bittet der Arbeitgeber erst um 17:00 Uhr zum Gespräch, kann er die Bezahlung nicht verweigern, weil der Arbeitstag des Betriebsratsmitglieds bereits um 16.00 Uhr zu Ende war.
- Der Betriebsrat möchte mit den Arbeitnehmern in der Nachtschicht sprechen oder deren Arbeitsplätze begehen. Das dafür zuständige Mitglied ist aber in Tagschicht beschäftigt.
- Die Betriebsratssitzung liegt nicht in der Schicht eines Betriebsratsmitglieds.
- Das Betriebsratsmitglied ist teilzeitbeschäftigt, aber die Betriebsratssitzung dauert wegen der Fülle der Aufgaben den ganzen Tag.

Hinweis:
Zusammenfassend kann man sagen: Ein betriebsbedingter Grund liegt vor, wenn er in der Sphäre des Betriebs liegt und diese Sachzwänge verhindern, dass die Betriebsratsarbeit während der Arbeitszeit erledigt werden kann.[13]

---

13 BAG 28. 5. 2015 – 7 AZR 404/12.

Nicht betriebsbedingt sind beispielsweise folgende Gründe:

- Der Vorgesetze möchte, dass das Betriebsratsmitglied weiterarbeitet und die Betriebsratsaufgaben später erledigt. Er hält es für unkollegial, dass die anderen die Arbeit des Betriebsratsmitglieds mit erledigen müssen. Das Betriebsratsmitglied beugt sich dem Druck.
- Das Betriebsratsmitglied möchte seinen Kollegen nicht zumuten, dass es den Arbeitsplatz verlässt, um Betriebsratsaufgaben zu erledigen. Der Arbeitsdruck ist gerade sehr hoch, weil einige Kollegen krank sind und der Auftrag zu einer bestimmten Zeit fertig werden muss. Es beschließt, die Betriebsratsaufgaben nach der Arbeitszeit zu erledigen.

Näheres zum Kündigungsschutz auf Seite 55ff.

Man könnte auf die Idee kommen, dass auch bei diesen zwei Beispielen ein betrieblicher Grund vorliegt. Denn der hohe Arbeitsdruck ist durchaus ein Umstand, der in der Betriebssphäre liegt. Gleiches gilt, wenn der Vorgesetze **Druck auf Betriebsratsmitglieder** ausübt. Dennoch sind dies keine gesetzlich anerkannten betrieblichen Gründe. Das BetrVG geht davon aus, dass die Betriebsratsarbeit Vorrang hat. Der Druck, der auf Betriebsratsmitglieder oftmals ausgeübt wird, damit diese ihre Betriebsratsarbeit hintanstellen, ist kein Sachzwang, der die Betriebsratsarbeit während der Arbeitszeit unmöglich macht. Diesem Druck muss ein Betriebsratsmitglied standhalten. Gerade auch wegen derartigen alltäglichen Situationen besteht der besondere Kündigungsschutz für Betriebsratsmitglieder. Sie müssen nicht befürchten, ihren Arbeitsplatz zu verlieren, weil sie ihren Vorgesetzen möglicherweise (mehrmals) verärgert und der Betriebsratsarbeit den erforderlichen Vorrang gegeben haben.

a. Gewährung von Freizeitausgleich

Arbeits- und Gesundheitsschutz

Für Betriebsratsarbeit außerhalb der Arbeitszeit erhält das Betriebsratsmitglied Freizeitausgleich. Dieser ist innerhalb eines Monats vom Arbeitgeber zu gewähren (§ 37 Abs. 3 BetrVG). Das Gesetz sieht also keine Bezahlung durch zusätzliches Entgelt für diese Arbeit vor. Stattdessen erhält das Betriebsratsmitglied eine **entsprechende Menge Freizeit**. Das ist zu begrüßen, denn es dient dem Arbeits- und Gesundheitsschutz. So wird verhindert, dass Betriebsratsmitglieder ein »Freizeitopfer« bringen müssen, weil sie zusätzlich zu ihrer Arbeit Betriebsratsarbeit verrichtet haben. Die Freizeit der Betriebsratsmitglieder soll wegen der Betriebsratsarbeit nicht geschmälert werden.

> **Hinweis:**
> Der Freizeitausgleich wird auf Antrag gewährt. Betriebsratsmitglieder sollten deshalb unmittelbar einen entsprechenden Freizeitausgleich beantragen, wenn sie in der Freizeit zur Betriebsratsarbeit herangezogen wurden. Dazu ist dem Arbeitgeber mitzuteilen, wann und warum Betriebsratsarbeit außerhalb der individuellen Arbeitszeit erledigt worden ist.

b. Ausgleich durch Mehrarbeitsvergütung

Freizeitausgleich hat grundsätzlich Vorrang vor Vergütung

Ist es dem Arbeitgeber aus betriebsbedingten Gründen innerhalb eines Monats nicht möglich die Freizeit zu gewähren, muss die Zeit vergütet werden. Was betriebsbedingte Gründe sind, ist eng auszulegen. Denn wie gerade beschrieben, dient der Freizeitausgleich dem Arbeits- und Gesundheitsschutz.

! **Es gibt grundsätzlich kein Wahlrecht des Betriebsratsmitglieds oder des Arbeitgebers zwischen Freizeitausgleich und Vergütung für diese Zeit. Eine Vergütung kommt erst in Betracht, wenn der Freizeitausgleich aus betriebsbedingten Gründen nicht möglich ist.**

Die Zeit ist dann wie Mehrarbeit zu vergüten. Das heißt, dass sowohl das gewöhnliche Entgelt als auch Mehrarbeitszuschläge zu zahlen sind. Mehrarbeitszuschläge müssen aber nur bezahlt werden, wenn der Arbeitgeber für Mehrarbeit auch anderen Beschäftigten Zuschläge bezahlt. Diese Pflicht kann sich z. B. aus einem Tarifvertag ergeben.

Besonderheit bei Teilzeitbeschäftigung

Teilzeitbeschäftigte erhalten Mehrarbeitszuschläge, wenn sie die arbeitsvertraglich vereinbarte Wochenstundenzahl überschreiten und nicht erst, wenn sie die Stundenzahl überschreiten, die einer Vollzeitbeschäftigung entspricht.[14] Das Bundesarbeitsgericht hat entschieden, dass Teilzeitbeschäftigte aber erst ab einer Stundenzahl, die der eines Vollzeitbeschäftigten entspricht, Mehrarbeitszuschläge erhalten, wenn es dafür einen sachlichen Grund gibt. Selbst wenn es dafür einen sachlichen Grund geben würde, würde diese Regel jedoch nicht für **Teilzeitbeschäftigte, die** Betriebsratsarbeit außerhalb ihrer betrieblichen Arbeitszeit leisten, gelten. Das Gesetz sieht ausdrücklich vor, dass die gesamte Zeit wie Mehrarbeit bezahlt werden muss, unabhängig davon, wie viele Arbeitsstunden ein Betriebsratsmitglied bereits in der Woche oder im Monat gearbeitet hat.

---

14 BAG 5. 12. 2024 – 8 AZR 370/20.

3. Betriebsratsarbeit und Kurzarbeit

Während der Kurzarbeit stellt sich die Frage, wie Betriebsratsmitglieder bezahlt werden, wenn sie Betriebsratsarbeit leisten. Diese Frage ist aktuell geworden, weil während der Covid-19-Pandemie viele Betriebe in Kurzarbeit waren. Daran angeschlossen hat sich oftmals Kurzarbeit wegen Absatz- und Lieferschwierigkeiten.
Wie unter III. beschrieben, erhält ein Betriebsratsmitglied immer dasjenige **Entgelt**, das es erhalten würde, wenn es statt für den Betriebsrat zu arbeiten seiner regulären Arbeit nachgehen würde.
Ist in einem Betrieb **Kurzarbeit 0** angeordnet, es wird also nicht mehr gearbeitet, erhält das Betriebsratsmitglied ein Entgelt in Höhe des Kurzarbeitergeldes auch für die Betriebsratsarbeit. Denn wenn es gearbeitet hätte, hätte es kein Entgelt erhalten, weil die Arbeit wegen Kurzarbeit ausgefallen wäre. Es muss aber, um Benachteiligungen zu vermeiden, das Entgelt in Höhe des Kurzarbeitergeldes bekommen.
In Zeiten der Kurzarbeit stellt sich immer die Frage, ob die Betriebsratsarbeit während der Kurzarbeit oder in der Arbeitsphase stattfindet. Je nachdem, wie man die Frage beantwortet, richtet sich danach die Entlohnung.

Beispiel:
Ein Betriebsratsmitglied ist in Frühschicht eingeteilt. Aber für die Frühschicht wurde Kurzarbeit angeordnet. Die Betriebsratssitzung beginnt um 10.00 Uhr und endet um 16.00 Uhr. Die Frühschicht wäre aber bereits um 14.00 Uhr zu Ende. Für die Zeit zwischen 10.00 Uhr und 14.00 Uhr erhält das Betriebsratsmitglied Entgelt in Höhe des Kurzarbeitergeldes. Von 14.00 Uhr bis 16.00 Uhr sein reguläres Entgelt, denn das ist Betriebsratsarbeit außerhalb der betriebsüblichen Arbeitszeit. Diese ist durch Freizeit innerhalb von 4 Wochen abzugelten. Wenn das nicht gelingt, muss sie wie Mehrarbeit vergütet werden. Das gilt auch während der Kurzarbeit.

Eine Besonderheit ergibt sich für freigestellte Betriebsratsmitglieder. Sie können nicht in Kurzarbeit geschickt werden. Denn ihre Arbeit fällt nicht wegen eines vorübergehenden erheblichen Arbeitsausfalls weg, der nicht vermeidbar war. Die Arbeit des freigestellten Betriebsratsmitglieds bleibt auch während der Kurzarbeit bestehen. Das freigestellte Mitglied erhält während der Kurzarbeit deshalb auch die volle Vergütung.

VI. Fort- und Weiterbildung

Intellektuelle Waffengleichheit

Um Betriebsratsarbeit zu erledigen, brauchen Betriebsräte Wissen und Praxis. Die Praxis kommt im Laufe der Amtszeit. Das notwendige Wissen erlangen die Betriebsräte am besten durch Schulungen. Doch wer entscheidet, zu welcher Schulung ein Betriebsrat gehen darf? Wann, wie lang und wie oft er geschult wird? Und wer trägt welche Kosten?

Für Betriebsratsmitglieder gibt es zwei gesetzliche Anspruchsgrundlagen – eine für **Schulungen**, die andere für **Fortbildungen**. Beide befinden sich im § 37 BetrVG – der Schulungsanspruch im Abs. 6 steht nicht dem einzelnen Mitglied, sondern dem Betriebsrat als Gremium zu, der Fortbildungsanspruch im Abs. 7 hingegen ist ein Individualanspruch des einzelnen Mitglieds. Der Gesetzgeber wollte mit diesen Ansprüchen sicherstellen, dass auch der Betriebsrat das notwendige Wissen hat – nicht nur der Arbeitgeber.[15]

1. Anspruch auf Schulungen nach § 37 Abs. 6 BetrVG

Kollektiver Anspruch des Gremiums

Der Schulungsanspruch aus Abs. 6 steht nicht dem einzelnen Mitglied, sondern dem Betriebsrat als Gremium zu. Das bedeutet, dass das Betriebsratsmitglied nicht selbst durchsetzen kann, geschult zu werden. Allein der Betriebsrat entscheidet darüber, wer, über was, wo und wann geschult wird. Die Betriebsratsmitglieder sind verpflichtet an den Schulungen teilzunehmen, so wie es der Betriebsrat beschlossen hat.

Bei der Entscheidung über Schulungen ist der Betriebsrat weitgehend frei. Er hat aber zu beachten, dass er nur Schulungen auswählt, die für die Arbeit des Betriebsrats »erforderlich« sind und er muss bei der Wahl des

---

15 BAG 6.11.1973 – 1 ABR 8/73.

Zeitpunkts der Schulungen auf »betriebliche Notwendigkeiten« Rücksicht nehmen.

a. »Erforderlichkeit« der Schulung

Begriffserklärung:
Erforderlich sind Schulungen, die der Betriebsrat für seine Arbeit braucht. Es reicht nicht, dass die Schulung für die Arbeit vorteilhaft sein könnte.

Als erforderlich gelten einerseits Schulungen zu Grundsatzthemen und andererseits vertiefende oder Spezialschulungen, wenn das Thema aktuell oder demnächst für die Arbeit des Betriebsrats wichtig ist.

Wenn die Schulung für die Arbeit des Betriebsrats notwendig ist, dann können der Arbeitgeber und die Gerichte den Betriebsrat nicht darauf verweisen, dass er das Wissen auch anders bekommen könnte, zum Beispiel dass die Betriebsräte das Thema im Selbststudium oder einer vom anderen lernen könnten. !

aa. Grundkenntnisse

Zu den als erforderlich anerkannten **Grundsatzthemen** gehören zum Beispiel:

- allgemeine Grundkenntnisse des Betriebsverfassungsrechts,
- Grundkenntnisse des Arbeitsrechts (insbesondere das Thema Arbeitssicherheit),
- Kenntnisse des Allgemeinen Gleichbehandlungsgesetzes (AGG).

Das sind Themen, in denen sich jedes Betriebsratsmitglied auskennen muss. In den Grundsatzthemen sollten alle Mitglieder geschult sein.

Ausnahme: Keine Erforderlichkeit wegen Zeitablauf

Ausnahmsweise kann auch eine Schulung zu einem anerkannten Grundsatzthema nicht erforderlich sein. Das ist dann der Fall, wenn das Wissen in der laufenden Amtszeit nicht mehr genutzt werden könnte, weil die nächsten Betriebsratswahlen schon vor der Tür stehen. Hat ein Betriebsratsmitglied zu Beginn seiner Tätigkeit keine Schulungen wahrgenommen, kann es später schwierig sein, diese gegenüber dem Arbeitgeber durchzusetzen. Durch jahrelange Erfahrung in der Betriebsratsarbeit sind die Kenntnisse dann schon vorhanden.

bb. Spezialkenntnisse

Entscheidung im Einzelfall

Ob ein spezielles oder vertiefendes Thema erforderlich ist und geschult werden sollte, ist abhängig von der Situation im Einzelfall. Zu berücksichtigen sind dabei die Situation im Betrieb und im Betriebsrat, der

Kenntnisstand der einzelnen Betriebsratsmitglieder und eine eventuelle Arbeitsteilung im Betriebsrat.

Bei den für Schulungen in Frage kommenden Themen ist zu berücksichtigen:

- Was der Betriebsrat selbst angehen will (der Betriebsrat hat Initiativrechte!): Soll z. B. die variable Vergütung in Zukunft in einer Betriebsvereinbarung geregelt werden?
- Was der Arbeitgeber aktuell oder demnächst angehen möchte: Plant der Arbeitgeber z. B. die Einführung von Akkordlohn?
- Probleme, die unabhängig von Plänen im Betrieb anstehen: Werden z. B. gerade Kollegen gemobbt?

Gesetzesänderungen

Weiterhin können Initiativen des Gesetzgebers eine Schulung erforderlich machen, wenn ein neues, für die Betriebsratsarbeit relevantes Gesetz in Kraft treten soll. Relevant kann hierbei jedes arbeitsrechtliche Gesetz sein, da das gesamte Arbeitsrecht für die Betriebsratsarbeit von Belang ist.

Beispiele für erforderliche Schulungsthemen:

- Burnout[16]
- Sexuelle Belästigung am Arbeitsplatz[17]
- Rhetorik[18]

Beispiele für nicht erforderliche Schulungsthemen:

- Durchführung von Betriebsratswahlen (da Aufgabe des Wahlvorstands)
- Gesetzesentwürfe, die vor der Verabschiedung noch Änderungen unterliegen können
- Lohnsteuerrichtlinien[19]

Schulungen bei Arbeitsteilung

Soweit sich der Betriebsrat für eine **Arbeitsteilung** entschieden hat, ist diese auch bei den Schulungen zu berücksichtigen.[20] Der Betriebsrat kann zum Beispiel entscheiden, dass für das Thema »Betriebliches Eingliederungsmanagement« mehrere bestimmte Betriebsratsmitglieder zuständig sind und diese Personen zum Thema geschult werden.

Vorkenntnisse

Der Betriebsrat muss dabei grundsätzlich berücksichtigen, ob das Wissen im Betriebsrat bereits vorhanden ist. Maßgeblich dafür sind aber nicht

---

16 ArbG Essen 30. 6. 2011 – 3 BV 29/11.
17 ArbG Wesel 31. 3. 1993 – 3 BV 35/92.
18 BAG 12. 1. 2011 – 7 ABR 94/09.
19 BAG 11. 12. 1973 – 1 ABR 37/73.
20 BAG 14. 1. 2015 – 7 ABR 95/12.

die Kenntnisse im gesamten Gremium, sondern die **Kenntnisse der ausgewählten Mitglieder**.

> **Beispiel:**
> Mitglieder A, B und C kennen sich im Betrieblichen Eingliederungsmanagement aus, die Mitglieder D, E und F hingegen nicht. Der Betriebsrat beschließt, dass künftig die Betriebsratsmitglieder D, E und F für das Thema zuständig sind. In dieser Konstellation müssen die Mitglieder D, E und F geschult werden, obwohl das Wissen im Betriebsrat eigentlich vorhanden ist (nämlich bei A, B und C).

Bei Spezialthemen und vertiefenden Schulungen kann es reichen, wenn ein Teil der Betriebsräte geschult ist.

> **Hinweis:**
> Der Betriebsrat muss sich immer, wenn er einen Beschluss zu einer Schulung fassen möchte, Gedanken über deren Erforderlichkeit machen. Wichtig ist dabei, dass es bei der Betrachtung immer auf das einzelne, zu schulende Betriebsratsmitglied ankommt.

Teilweise Erforderlichkeit

Schulungen werden von den Anbietern allgemein für Betriebsräte konzipiert und nicht speziell für einen Betrieb. Bei den Grundlagenschulungen ist dies kein Problem, da diese immer erforderlich sind. Bei anderen Themen können Schulungen gleichzeitig erforderliche und nicht erforderliche Themen enthalten. In einem solchen Fall müssen die erforderlichen Themen überwiegen, damit die Schulung insgesamt erforderlich ist. Über 50 % der Schulungsthemen müssen »erforderlich« sein. Dies hat das Bundesarbeitsgericht entschieden[21]. Faktisch sollten die erforderlichen Themen nicht nur der Anzahl nach über 50 % der Schulung, sondern auch über 50 % der Schulungszeit ausmachen.

> **Hinweis:**
> Es ist möglich, mit dem Arbeitgeber eine Rahmenvereinbarung über Schulungen abzuschließen. Da die Erforderlichkeit einer Schulung – also die Frage, ob die Schulung tatsächlich notwendig ist – oft ein Streitpunkt zwischen Betriebsrat und Arbeitgeber ist, kann das sinnvoll sein, um nicht über die Erforderlichkeit jeder Schulung zu streiten. In einer solchen Vereinbarung kann zum Beispiel eine Anzahl von Schulungstagen vereinbart werden, über die der Betriebsrat frei verfügen kann.

21 BAG 28.5.1976 – 1 AZR 116/74.

Aber: Da der Betriebsrat nicht wissen kann, ob nicht noch weitere Schulungen erforderlich werden, sollte er bei Betriebsvereinbarungen zu diesem Thema unbedingt darauf achten, dass er das Recht behält, über die Betriebsvereinbarung hinaus Betriebsratsmitglieder Schulen zu lassen, wenn es erforderlich ist. Eine entsprechende Regelung sollte auf jeden Fall in die Betriebsvereinbarung aufgenommen werden.

Ersatzmitglieder

Auch für Ersatzmitglieder, die oft in den Betriebsrat nachrücken und daher regelmäßig Betriebsratsarbeit machen müssen, besteht ein Schulungsanspruch. Jedenfalls **für den ersten Nachrücker** ist dies der Regelfall. Bei einem großen Betriebsrat, bei dem regelmäßig mehrere Ersatzmitglieder zum Einsatz kommen, haben auch mehrere Ersatzmitglieder einen Schulungsanspruch.

! **Darüber hinaus steht Ersatzmitgliedern ein Schulungsanspruch grundsätzlich nicht zu.**

b. Zeitpunkt der Schulung

Betriebliche Notwendigkeiten beachten

Bei der Frage des »Wann?« muss der Betriebsrat die »betrieblichen Notwendigkeiten« berücksichtigen. Dies entfällt, wenn das betroffene Mitglied freigestellt ist, denn dann macht es für den Betriebsablauf keinen Unterschied, ob es auf einer Schulung ist oder anderer Betriebsratsarbeit nachgeht. Ist das Betriebsratsmitglied nicht freigestellt, müssen besondere zeitliche Umstände im Betrieb bedacht werden. Der Betriebsrat hat hierbei aber einen weiten Entscheidungsspielraum. Solche Umstände sind zum Beispiel Saisonspitzen.

Beispiel:
Ein Betriebsrat in einem Einzelhandelsunternehmen wird seine Mitglieder nicht gerade im größten Weihnachtsgeschäft im Dezember zur Schulung entsenden. Tut er das dennoch, hat er die betrieblichen Notwendigkeiten nicht ausreichend beachtet.

Bei der Beantwortung der Frage, ob betriebliche Notwendigkeiten gegen den Zeitpunkt einer Schulung sprechen, ist ein strenger Maßstab anzulegen.

Betriebliche Beeinträchtigungen allein können kein Grund sein, die Schulung zu verschieben. Denn gewisse Beeinträchtigungen gibt es grundsätzlich immer, wenn ein Beschäftigter an seinem Arbeitsplatz fehlt. Die Schulung hat aber – wie auch die Betriebsratsarbeit – Vorrang.

Der Arbeitgeber hat entsprechende Vorkehrungen zu treffen, um den Arbeitsausfall zu kompensieren.

Verfahren vor der Einigungsstelle

Wenn der Arbeitgeber meint, dass die »betrieblichen Notwendigkeiten« bei der Festlegung des Schulungszeitraums nicht berücksichtigt wurden, kann er die **Einigungsstelle anrufen**. Die Anrufung muss innerhalb von 14 Tagen nach der Information durch den Betriebsrat stattfinden. Ruft der Arbeitgeber in dieser Zeit die Einigungsstelle nicht an, dann stehen der Schulung keine »betrieblichen Notwendigkeiten« entgegen.

Ruft der Arbeitgeber die Einigungsstelle an, so entscheidet diese nur über die Frage, ob »betriebliche Notwendigkeiten« berücksichtigt wurden. Kommt die Einigungsstelle zu dem Ergebnis, dass der Betriebsrat diese ausreichend berücksichtigt hat, dann bleibt es bei den ursprünglich geplanten Schulungsterminen. Kommt die Einigungsstelle zu dem Ergebnis, dass der Betriebsrat die »betrieblichen Notwendigkeiten« nicht ausreichend berücksichtigt hat, dann schlägt die Einigungsstelle alternative Zeiträume für die Schulung vor.

> **Hinweis:**
> In der Praxis kommt es so gut wie nie vor, dass der Arbeitgeber wegen der Nichtberücksichtigung betrieblicher Notwendigkeiten vor die Einigungsstelle zieht. Daher entscheidet faktisch der Betriebsrat über den Zeitpunkt der Schulung.

c. Kosten der Schulung

Arbeitgeber zahlt für die Schulung

Der Arbeitgeber trägt alle Kosten der Schulung:

- die Schulungsgebühren,
- die Reisekosten,
- die Übernachtungs- und Verpflegungskosten.

Verhältnismäßigkeit

Es ist darauf zu achten, dass die Kosten »verhältnismäßig« sein müssen. Das bedeutet, dass die **Kosten nicht außer Verhältnis zum Nutzen** der Schulung stehen dürfen – »Lustreisen« in die Karibik mit Kaviar und Champagner sind damit ausgeschlossen. Andererseits ist der Betriebsrat nicht verpflichtet, das günstigste Angebot zu nehmen, wenn er z. B. die teurere Schulung für qualitativ besser hält. Der Betriebsrat darf sich im Rahmen seines Beurteilungsspielraums für eine Präsenz- statt eine Online-Schulung entscheiden, wenn diese z. B. einen größeren Lernerfolg oder einen besseren Erfahrungsaustausch mit anderen Teilnehmern verspricht.[22] Die Erstattung von Reisekosten, Übernachtungs- und Verpfle-

22 BAG 7. 2. 2024 – 7 ABR 8/23.

gungskosten ist durch eine allgemeine Reisekostenregelung im Betrieb begrenzt, es sei denn, der Betriebsrat und das Betriebsratsmitglied haben auf diese keinen Einfluss.[23]

Kein Lohnausfall

Das Betriebsratsmitglied erhält für die Zeit der Schulung den Lohn. Dies erfolgt nach dem **»Lohnausfallprinzip«.** Das bedeutet, dass der Lohn so durch den Arbeitgeber zu bezahlen ist, als ob der Schulungsteilnehmer statt an der Schulung teilzunehmen gearbeitet hätte. Ihm sind alle Lohnbestandteile (zum Beispiel auch Zuschläge), die er erhalten hätte, zu gewähren. Soweit im Falle der Arbeit Mehrarbeit angefallen wäre, ist auch diese zu vergüten. Die Abwesenheit bei der Arbeit wegen der Schulung darf nicht zur Minderung von Jahressonderzahlungen führen. Die Abwesenheit zu Schulungszwecken ist auch keine Fehlzeit im Sinne von Anwesenheitsprämien. Sie darf nicht zur Minderung der Prämie führen.

Schulungen während der Freizeit

Grundsätzlich ist eine Schulung während der Arbeitszeit zu besuchen. Das ist nicht immer möglich. Wenn die Schulung aus betriebsbedingten Gründen außerhalb der Arbeitszeit stattfindet, muss der Arbeitgeber dem Teilnehmer **Freizeitausgleich** gewähren. Wenn der Ausgleich nicht innerhalb eines Monats gewährt werden kann, muss die Zeit wie **Mehrarbeit** bezahlt werden. Der Ausgleich – in Freizeit oder in Geld – ist pro Tag auf die Arbeitszeit eines Vollzeitarbeitnehmers begrenzt.

Beispiele für »betriebsbedingte Gründe«:

- Die Schulung findet auf Wunsch des Arbeitgebers außerhalb der Arbeitszeit statt.
- An der Schulung nehmen mehrere Betriebsratsmitglieder mit unterschiedlichen Arbeitszeiten teil.
- Der Schulungsteilnehmer arbeitet in Spät- oder Nachtschicht.

Schulung bei Teilzeit

Auch **Teilzeit** kann ein betriebsbedingter Grund sein. Wenn der Besuch der Schulung dazu führt, dass der teilzeitbeschäftigte Betriebsrat mehr Zeit investiert als die ansonsten angefallene Arbeitszeit, muss der Arbeitgeber für diese übersteigende Zeit Freizeitausgleich gewähren, allerdings begrenzt auf die Arbeitszeit eines vollzeitbeschäftigten Arbeitnehmers. Den Freizeitausgleich bekommt das Betriebsratsmitglied zusätzlich zur Lohnfortzahlung. Dies muss innerhalb eines Monats erfolgen. Wenn kein Freizeitausgleich gewährt wird, muss die Arbeitszeit wie Mehrarbeit bezahlt werden.[24]

---

23 BAG 28.3.2007 – 7 ABR 33/06.

24 Siehe dazu Seite 30.

d. Bildungsplan des Betriebsrats

Schulungen planen

Der Betriebsrat muss überlegen, beraten und entscheiden, welches Wissen ihm fehlt. Dann sollte der Betriebsrat die geeigneten Schulungen aussuchen. Zuletzt muss entschieden werden, wie viele und welche Betriebsratsmitglieder die Schulungen besuchen sollen. Dabei ist eine eventuelle Aufgabenteilung im Betriebsrat zu berücksichtigen.

Tipp:
Hier ist ein Bildungsplan sehr hilfreich. Am besten sollte dieser zu Beginn der Amtszeit aufgestellt werden.

e. Der Betriebsratsbeschluss

Entsendungsbeschluss

Dann muss der Betriebsrat entsprechende Beschlüsse fassen. Bei der Beschlussfassung darf auch der Schulungsteilnehmer abstimmen, da es sich bei dem Schulungsanspruch nach § 37 Abs. 6 BetrVG um ein Recht des Betriebsrats und nicht des Betriebsratsmitglieds handelt.
Würde ein Betriebsratsmitglied ohne Beschluss des Betriebsrats an einer Schulung teilnehmen, so hätte es keinen Anspruch auf Lohnfortzahlung, Freizeitausgleich oder -abgeltung. Es hätte ebenfalls keinen Anspruch auf Erstattung der Schulungskosten vom Arbeitgeber.

f. Information des Arbeitgebers

Musterschreiben Teilnahme an einer Schulung auf Seite 73

Der Betriebsrat hat den Arbeitgeber über die Schulungsteilnahme eines Mitglieds zu informieren. Eine **Genehmigung** der beschlossenen Schulung durch den Arbeitgeber ist aber **nicht notwendig**. Schon der Beschluss des Betriebsrats berechtigt das Mitglied, an der Schulung teilzunehmen.
Anhand der Information soll der Arbeitgeber überprüfen können, ob die Schulung aus seiner Sicht erforderlich ist. Deshalb soll der Betriebsrat dem Arbeitgeber mitteilen, welches Betriebsratsmitglied wann, für welche Dauer, wo und zu welchem Thema geschult werden soll. Das geschieht am besten durch Vorlage der Ausschreibung der Schulung.
Der Arbeitgeber muss **rechtzeitig informiert** werden.

Begriffserklärung:
Als rechtzeitig gilt die Information zwei bis drei Wochen vor Beginn der Schulung.

Dadurch erhält der Arbeitgeber Gelegenheit, Vorkehrungen für einen Ersatz am Arbeitsplatz des Betriebsratsmitglieds zu treffen. Außerdem muss der Arbeitgeber die Möglichkeit haben, die Einigungsstelle anzurufen, wenn er die betrieblichen Notwendigkeiten nicht für ausreichend berücksichtigt hält.
Die Information des Arbeitgebers ist an sich keine Voraussetzung für die Teilnahme an der Schulung. Das Betriebsratsmitglied kann auch ohne vorherige Mitteilung zur Schulung gehen, mit der Konsequenz, dass der Arbeitgeber trotzdem den Lohn fortzahlen und die Kosten tragen müsste. Trotzdem sollte der Arbeitgeber auf jeden Fall informiert werden. Andernfalls besteht das Risiko, dass der Arbeitgeber nachträglich die nicht ausreichende Berücksichtigung der betrieblichen Notwendigkeiten geltend macht. Außerdem kann die fehlende Information, insbesondere bei Wiederholung, als grobe Verletzung der Pflichten des Betriebsrats gesehen werden (§ 23 Abs. 1 BetrVG). Das kann im schlimmsten Fall zum Ausschluss aus dem Gremium führen.

! **Ein Betriebsratsmitglied braucht nicht die Erlaubnis oder die Zustimmung des Arbeitgebers für die Teilnahme an der Schulung.**

g. Gerichtliche Überprüfung

Verfahren vor der Schulung

Oft behauptet der Arbeitgeber, dass der Betriebsrat keinen Anspruch auf die Schulung hätte und droht damit, den Lohn nicht zu bezahlen und die Schulungskosten nicht zu übernehmen. In solchen Situationen kann es passieren, dass vor der Schulung keine Einigung mehr zwischen dem Arbeitgeber und dem Betriebsrat erreicht wird. Besteht die Befürchtung, dass der Arbeitgeber tatsächlich die Lohnfortzahlung und die Kostenübernahme verweigert, sollte über ein Gerichtsverfahren nachgedacht werden.
Für ein »normales« Beschlussverfahren vor dem Arbeitsgericht ist in so einer Situation regelmäßig nicht mehr genügend Zeit. Ob der Betriebsrat in einem »Schnellverfahren« (also per einsteiliger Verfügung) das Vorliegen des Schulungsanspruchs prüfen lassen kann, beurteilen die einzelnen Landesarbeitsgerichte unterschiedlich.[25]

25 Dafür z. B.: LAG Hessen 14. 2. 2019 – 16 TaBVGa 24/19; dagegen z. B.: LAG Niedersachsen 16. 10. 2024 – 8 TaBVGa 70/24.

Hinweis:
Deshalb sollte sich der Betriebsrat sofort an seinen Rechtsbeistand wenden, wenn der Arbeitgeber sich gegen die Schulungen äußert. Es besteht dann die Möglichkeit, noch vor der Schulung die rechtlichen Fragen zu klären. Denn ein Schnellverfahren vor dem Arbeitsgericht kann nur dann sinnvoll eingeleitet werden, wenn es auch noch vor der Schulung durchgeführt werden kann.

Verfahren nach der Schulung

Ist für ein Verfahren vor Beginn der Schulung nicht genug Zeit, dann muss die Angelegenheit nach der Schulung gerichtlich geklärt werden. Das Risiko hierbei ist, dass der Arbeitgeber den Lohn nicht bezahlt und die Kosten der Schulung nicht übernommen hat. Will das Betriebsratsmitglied seine individuellen Ansprüche, z. B. auf Lohnfortzahlung, dann nachträglich gerichtlich durchsetzen, muss es das allein und auf eigene Kosten machen.

Hinweis:
Gewerkschaftliche Bildungsträger unterstützen den Betriebsrat in der Regel, wenn die Seminargebühren nicht beglichen werden.

!

Der Betriebsrat sollte dafür sorgen, dass alle Betriebsratsmitglieder in den Grundsatzthemen geschult sind. Darüber hinaus sollte er dafür Sorgen tragen, dass über die Grundsatzthemen hinaus notwendige Schulungen absolviert werden. Das ist die Voraussetzung für eine erfolgreiche Betriebsratsarbeit.

2. Anspruch auf Fortbildung nach § 37 Abs. 7 BetrVG

Individueller Anspruch der Mitglieder

Der Fortbildungsanspruch nach Abs. 7 ist im Gegensatz zum Abs. 6 ein Individualanspruch des einzelnen Mitglieds. Er wird vorwiegend für die **politische Bildung** der Betriebsratsmitglieder seitens der Gewerkschaften genutzt.
Der Fortbildungsanspruch unterscheidet sich vom Schulungsanspruch nach Abs. 6 insbesondere dadurch, dass die Fortbildung nicht »erforderlich« sein muss und der Arbeitgeber keine Kosten trägt.
Der Anspruch steht dem Betriebsratsmitglied direkt zu. Der Betriebsrat beschließt aber, wann der Einzelne geschult wird.

Zeitliche Limitierung auf drei bzw. vier Wochen

Jedes Betriebsratsmitglied hat für die vierjährige Amtszeit einen Anspruch auf drei Wochen Fortbildung. Ist die Amtszeit kürzer oder länger, wird auch der Anspruch entsprechend gekürzt oder verlängert.
Mitglieder, die erstmals in den Betriebsrat gewählt wurden und vorher auch nicht Mitglied einer Jugend- und Auszubildendenvertretung waren, haben einen zusätzlichen Fortbildungsanspruch von einer Woche. Diese weitere Woche ist nicht abhängig von der Dauer der Amtszeit.
Die drei oder vier Wochen können am Stück oder in Teilen genommen werden.
Nutzt ein Betriebsratsmitglied den Anspruch nicht innerhalb der Amtszeit, dann verfällt dieser. Er kann nicht auf die nächste Amtszeit oder auf eine andere Person übertragen werden.

a. Geeignetheit der Fortbildungsveranstaltung

Das Betriebsratsmitglied kann sich die Fortbildung im Rahmen des Anspruchs nach Abs. 7 grundsätzlich aussuchen. Die Fortbildung muss aber durch die zuständige oberste Arbeitsbehörde des Landes als »geeignet« anerkannt sein.

Anerkennungsverfahren

Dafür legen die Veranstalter der Behörde ihre Fortbildungskonzepte vor, die die Behörde dann generell als geeignet anerkennt.

> **Begriffserklärung:**
> Um als »geeignet« anerkannt zu werden, muss die Fortbildung einen betriebsverfassungsrechtlichen Bezug haben und der Betriebsratsarbeit dienlich und förderlich sein.

Das Betriebsratsmitglied muss sich über diese Bewertung keine Gedanken machen. Wenn die Fortbildung anerkannt ist, kann es im Rahmen seines Fortbildungsanspruchs an ihr teilnehmen.

b. Lohnfortzahlung und Freizeitausgleich

Wie bei dem Anspruch nach Abs. 6 hat der Teilnehmer während der Fortbildung Anspruch auf Lohn nach dem »**Lohnausfallprinzip**«.
Soweit die **Fortbildung in der Freizeit** stattfindet, hat der Teilnehmer wie bei dem Anspruch nach Abs. 6 Anspruch auf Freizeitausgleich oder Abgeltung.

c. Fortbildung für Ersatzmitglieder

Rückt ein Ersatzmitglied dauerhaft in den Betriebsrat nach, so hat es für diese Amtszeit einen eigenen Anspruch. Es spielt keine Rolle, ob das Mitglied, für welches es nachrückt, seinen Anspruch bereits »verbraucht« hat oder nicht. Die drei Wochen erhält der Nachrücker anteilig je nach Dauer der noch verbleibenden Amtszeit. Die zusätzliche Woche – für den Fall, dass die Person bis dahin noch nicht in einem Gremium war – erhält der Nachrücker vollständig, unabhängig von der verbleibenden Amtsdauer.

Darüber hinaus haben Ersatzmitglieder keinen Anspruch auf Fortbildung nach Abs. 7. !

d. Kosten der Fortbildung

> **Hinweis:**
> Der Arbeitgeber übernimmt keine Kosten bis auf die Entgeltfortzahlung! Das Betriebsratsmitglied trägt die Kosten für Fortbildungsgebühren, Reise, Übernachtung und Verpflegung selbst. Deshalb sind Schulungen möglichst über den Anspruch aus Abs. 6 durchzuführen. Nur »nicht erforderliche« Schulungen sollten nach Abs. 7 durchgeführt werden. Da nach Abs. 7 politisch wichtige Inhalte vermittelt werden, sollten Betriebsräte auf Fortbildungen nach Abs. 7 – soweit es ihnen möglich ist – nicht verzichten.

Gewerkschaftlich organisierte Fortbildungen

Gewerkschaften organisieren für ihre Mitglieder **kostenlose Schulungen** nach Abs. 7! Auch deshalb lohnt es sich, als Betriebsratsmitglied Mitglied einer Gewerkschaft zu sein.
Wann die Betriebsratsmitglieder ihren individuellen Anspruch auf Fortbildung wahrnehmen, sollte der Betriebsrat entscheiden und beschließen. Dazu sollten sich die Betriebsratsmitglieder bei der Gewerkschaft über das vorhandene Angebot informieren.

e. Zeitliche Lage der Fortbildung

Bei der Entscheidung über den Zeitpunkt muss der Betriebsrat auf »betriebliche Notwendigkeiten« Rücksicht nehmen. Wie auch bei dem Anspruch nach Abs. 6 gilt, dass der Betriebsrat einen weiten Entscheidungsspielraum hat.

Musterschreiben Teilnahme an einer Fortbildung auf Seite 74

Der **Arbeitgeber** ist – wie auch beim Anspruch nach Abs. 6 – über die Teilnahme und die zeitliche Lage der Fortbildung zu **informieren**. Die

Anerkennung der Fortbildung durch die Behörde als geeignet ist dem Arbeitgeber im Rahmen der Information mitzuteilen.

! Die Betriebsratsmitglieder sollten auf jeden Fall ihren Schulungsanspruch aus Abs. 7 nutzen.

VII. Geheimhaltungs- und Verschwiegenheitspflichten

Betriebsratsmitglieder erfahren oft Dinge, von denen sie als Arbeitnehmer nichts wüssten. Dann stellen sich einige Fragen: Worüber dürfen sie sprechen? Und mit wem? Und was sind eigentlich die Konsequenzen, wenn sie trotz eines bestehenden Verbots darüber reden?

Betriebsräte unterliegen verschiedenen Verschwiegenheitsverpflichtungen:

- in Bezug auf Betriebs- und Geschäftsgeheimnisse,
- in Bezug auf persönliche Geheimnisse von Arbeitnehmern,
- in Bezug auf Gehaltsfragen und Personalakten einzelner Arbeitnehmer.

Im Übrigen sind Betriebsräte insgesamt dem **Datenschutz** verpflichtet. Sie sind außerdem verpflichtet, hinsichtlich persönlicher Verhältnisse und Angelegenheiten von Arbeitnehmern zu schweigen. Auch über betriebsratsinterne Angelegenheiten können Betriebsräte ausnahmsweise verpflichtet sein zu schweigen.

Aber: Betriebsräte sind keine Geheimräte. !

Transparente und öffentliche Betriebsratsarbeit

Sehr wichtig für die Arbeit eines Betriebsrats ist die **Information der Belegschaft**. Die Arbeit von Betriebsräten sollte daher transparent sein. Dass Betriebsräte die Rechte der Arbeitnehmer vertreten, sollte den Arbeitnehmern bekannt und in der Art und Weise nachvollziehbar sein. Hierfür ist es sehr wichtig, dass Betriebsräte Öffentlichkeitsarbeit betreiben.

1. Betriebs- und Geschäftsgeheimnisse (§ 79 BetrVG)

§ 79 BetrVG enthält eine Geheimhaltungsverpflichtung für Betriebs- und Geschäftsgeheimnisse.

Begriffserklärung:
Betriebs- und Geschäftsgeheimnisse sind
- Tatsachen, Erkenntnisse oder Unterlagen
- im Zusammenhang mit technischem Betrieb oder wirtschaftlicher Betätigung,
- die nur einem eng begrenzten Personenkreis bekannt sind,
- nach dem Willen des Unternehmens oder Betriebs geheim sein sollen und
- deren Geheimhaltung für den Betrieb und/oder das Unternehmen wichtig ist.

Unlautere oder gesetzeswidrige Vorgänge können nicht Betriebs- oder Geschäftsgeheimnisse sein. Auch dann nicht, wenn sie die Definition erfüllen.
Daher können die Zahlungen von Schmiergeldern, gesetzeswidrige Preisabsprachen, Entlohnung unterhalb des Mindestlohns und Ähnliches keine Betriebs- oder Geschäftsgeheimnisse sein.

Beispiele für mögliche Betriebs- und Geschäftsgeheimnisse:
- Kundenlisten
- technische Unterlagen
- Preiskalkulationen
- Erfindungen
- Rezepturen
- Verträge
- Umsatzzahlen

soweit diese nicht z. B. veröffentlicht sind.

a. Erklärung des Arbeitgebers

Erklärung zum Geschäftsgeheimnis

Um eine Information zum Betriebs- oder Geschäftsgeheimnis zu machen, reicht es noch nicht aus, dass sie der oben vorgestellten Definition entspricht. Erst eine zusätzliche Erklärung des Arbeitgebers, dass es sich um ein Betriebs- oder Geschäftsgeheimnis handelt, begründet die Pflicht zur Geheimhaltung.

Form der Erklärung

Mangels bestimmter Anforderungen kann die Erklärung in jeder Form erfolgen, also
- mündlich,
- per E-Mail,
- telefonisch,
- und in jeder anderen Form.

Der Arbeitgeber kann aber nur einen Vorgang zum Geschäftsgeheimnis erklären, der auch der Definition entspricht.
Es gibt immer wieder Vorgänge, deren Thematisierung im Betrieb dem Arbeitgeber unangenehm ist. Arbeitgeber erklären solche Vorgänge dann gerne zu Betriebs- oder Geschäftsgeheimnissen, um dem Betriebsrat dadurch einen »Maulkorb« zu verpassen.

!

Betriebsräte müssen also darauf achten, dass ein Vorgang nur ein Betriebs- oder Geschäftsgeheimnis sein kann, wenn beide Voraussetzungen erfüllt sind:
- **der Vorgang erfüllt die Definition und**
- **der Arbeitgeber hat ihn ausdrücklich zu einem Betriebs- oder Geschäftsgeheimnis erklärt.**

Es gehört zu den originären Aufgaben des Betriebsrats, Themen anzusprechen – auch betriebsöffentlich – die dem Arbeitgeber unangenehm sein können. Betriebsräte dürfen sich in solchen Situationen vom Arbeitgeber nicht einschüchtern lassen und müssen unbeirrt ihre Arbeit fortsetzen.

b. Die Reichweite der Geheimhaltung

Begriffserklärung:
Geheimhalten bedeutet, dass die Betriebs- und Geschäftsgeheimnisse nicht offenbart und nicht verwertet werden dürfen. Mit Offenbaren ist die Weitergabe an Unberechtigte gemeint. Es ist egal, aus welchem Grund und wie die Betriebs- und Geschäftsgeheimnisse weitergegeben werden.

Gebundene Personen

Betriebs- und Geschäftsgeheimnisse müssen geheim gehalten werden. Diese Verpflichtung gilt nicht nur für die Betriebsratsmitglieder, sondern auch für
- die Ersatzmitglieder,
- Berater,
- Sachverständige,

- sachkundige Arbeitnehmer, die der Betriebsrat als Auskunftspersonen hinzuzieht,
- für den Betriebsrat als Gremium.

Ausnahmen

Die Geheimhaltungsverpflichtung besteht aber nicht

- gegenüber anderen Betriebsräten,
- gegenüber anderen Organen der Arbeitnehmervertretung beim Arbeitgeber (z. B. Gesamtbetriebsrat, Konzernbetriebsrat und Arbeitnehmervertreter im Aufsichtsrat),
- im Verfahren vor der Einigungsstelle oder einer betrieblichen Beschwerdestelle.

Hinweispflicht

Gibt ein Betriebsratsmitglied ein Betriebs- oder Geschäftsgeheimnis weiter – z. B. an einen anderen Betriebsrat des gleichen Gremiums oder eines anderen Gremiums –, muss es darauf hinweisen, dass es sich um ein Betriebs- oder Geschäftsgeheimnis handelt.

Besondere Amtspflicht

Für den Einzelnen gilt die Geheimhaltungspflicht aus § 79 BetrVG nur, wenn er von dem Betriebs- oder Geschäftsgeheimnis in seiner **Eigenschaft als Betriebsrat** erfahren hat. Ein Betriebsratsmitglied kann von einem Betriebs- oder Geschäftsgeheimnis auch als Arbeitnehmer oder Privatperson erfahren. Dann gilt diese Schweigepflicht nicht.

Hinweis:
Dann kann aber die arbeitsvertragliche Verschwiegenheitspflicht gelten. Diese hat nichts mit dem Amt als Betriebsrat zu tun. Erfährt ein Betriebsratsmitglied nicht in seiner Eigenschaft als Betriebsrat von einem Betriebs- oder Geschäftsgeheimnis, stellt sich allerdings die Frage, ob es sich überhaupt um ein solches Geheimnis handelt. Ist die Information nicht nur einem eng begrenzten Personenkreis bekannt, kann es kein Betriebs- oder Geschäftsgeheimnis sein.

Offenbarungspflichten

Die Pflicht zu Schweigen gilt nicht, wenn es eine **Pflicht zu sprechen** gibt. In diesen Fällen sind Betriebsräte nicht mehr zum Schweigen verpflichtet.

Beispiele:
- Pflicht zur Zeugenaussage vor Gericht
- Pflicht zur Auskunftserteilung im Rahmen des Arbeitsschutzes
- Pflicht zur Anzeige strafbarer Handlungen

Aufdecken von Missständen

Bezüglich Strafanzeigen ist zu beachten, dass die Rechtsprechung in Deutschland **kaum Schutz für Whistleblower** gewährt.

Begriffserklärung:
»Whistleblowing« bedeutet im Deutschen so viel wie »Hinweis geben« oder »verpfeifen«. Hinweisgeber oder Whistleblower sind Mitarbeiter, die grobe Missstände in ihren Unternehmen öffentlich machen.

Das Urteil des Europäischen Gerichtshofs für Menschenrechte vom 21.7.2011[26] im Fall Brigitte Heinisch hat erstmals rechtssicher Kriterien festgelegt, unter denen Strafanzeigen von Arbeitnehmern gegen ihren Arbeitgeber mit dem Ziel, Missstände in ihren Unternehmen oder Institutionen offenzulegen, keine Kündigung begründen können. Zudem werden unter dem 2023 erlassenen Hinweisgeberschutzgesetz Meldewege für Arbeitnehmer bereitgestellt und Whistleblower vor Nachteilen geschützt.

c. Das Ende der Geheimhaltung

Ausdrückliches Aufheben des Geheimnisses

Die Verpflichtung zur Geheimhaltung endet **nicht** durch
- das Ende der Amtszeit des Betriebsrats oder des Betriebsratsmitglieds,
- das Ende des Arbeitsvertrages des Einzelnen,
- oder durch Schließung des Betriebs.

Die Geheimhaltungsverpflichtung endet nur, wenn Betriebs- und Geschäftsgeheimnisse keine Geheimnisse mehr sind. Dies kann dadurch passieren, dass der **Arbeitgeber erklärt**, dass etwas kein Betriebs- oder Geschäftsgeheimnis mehr ist. Oder dadurch, dass ein Betriebs- oder Geschäftsgeheimnis **öffentlich wird** und dadurch faktisch kein Geheimnis mehr ist.

2. Persönliche Geheimnisse von Arbeitnehmern (§§ 99 Abs. 1 Satz 3, 102 Abs. 2 Satz 5 BetrVG)

Vertrauliche Behandlung erforderlich

Der Betriebsrat erfährt durch seine Arbeit nicht nur viel über den Arbeitgeber und den Betrieb, sondern auch über einzelne Arbeitnehmer und Bewerber. Dafür hat der Gesetzgeber spezielle Geheimhaltungspflichten vorgesehen.
Diese gelten für Informationen, die der Betriebsrat durch Betriebsratsanhörungen zu personellen Einzelmaßnahmen (§ 99 BetrVG) und Kündigungen (§ 102 BetrVG) erhält – also für »persönliche Geheimnisse«.

26 EGMR 21.7.2011 – 28274/08.

Begriffserklärung:
Persönliche Geheimnisse werden definiert als
- persönliche Verhältnisse und Angelegenheiten,
- deren Bedeutung oder Inhalt vertraulicher Behandlung bedarf.

Beispiele:
- Schwangerschaft einer Arbeitnehmerin,
- Gehaltsbezüge[27] eines Arbeitnehmers,
- Kündigungsgründe,[28]
- Inhalte von Bewerbungsunterlagen.[29]

Kein ausdrückliches Benennen als Geheimnis nötig

Im Gegensatz zu der Geheimhaltungsverpflichtung über Betriebs- und Geschäftsgeheimnisse muss nicht erklärt werden, dass es sich um ein Geheimnis handelt. Es reicht, wenn die Definition erfüllt ist.

a. Die Reichweite der Geheimhaltung

Gebundene Personen

Die Geheimhaltungsverpflichtung gilt **neben** den Betriebsräten auch für
- Ersatzmitglieder,
- Berater,
- Sachverständige,
- sachkundige Arbeitnehmer, die der Betriebsrat als Auskunftspersonen hinzuzieht,
- den Betriebsrat als Gremium.

Die Geheimhaltungsverpflichtung gilt nicht gegenüber anderen Betriebsräten desselben Gremiums. Gegenüber **anderen** Organen und Betriebsratsgremien ist aber Stillschweigen zu bewahren.

Besondere Amtspflicht

Für den Einzelnen gilt die Geheimhaltungspflicht aus § 99 Abs. 1 Satz 3 oder § 102 Abs. 2 Satz 5 BetrVG nur, wenn er von dem Vorgang in seiner **Eigenschaft als Betriebsrat** erfahren hat. Ein Betriebsratsmitglied kann von einem persönlichen Geheimnis aber auch als Arbeitnehmer oder Privatperson erfahren. Dann gilt diese Schweigepflicht nicht. Da Betriebsräte die Interessen der Arbeitnehmer vertreten, sollten solche Informationen jedoch unabhängig von der Geltung der Schweigepflicht sehr vertraulich behandelt werden.

Näheres hierzu auf Seite 48

Die Pflicht zu Schweigen tritt zurück, soweit die Betriebsratsmitglieder eine **Pflicht zu sprechen** trifft.

27 LAG Berlin 26.6.1986 – 7 TaBV 2/86.
28 VG Frankfurt 9.5.2011 – 23 K 541/11.F.PV.
29 LAG Düsseldorf 9.1.2013 – 12TaBV 93/12.

b. Das Ende der Geheimhaltung

Unbegrenzte Geltung

Die Verpflichtung zur Geheimhaltung endet **nicht** durch
- das Ende der Amtszeit des Betriebsrats oder des Betriebsratsmitglieds,
- durch das Ende des Arbeitsvertrages des Einzelnen,
- durch Schließung des Betriebs,
- durch Tod des Betroffenen Arbeitnehmers oder Bewerbers.

Es gibt keine Möglichkeit, diese Schweigepflicht zu beenden.

3. Persönliches Entgelt, Leistung, Entwicklung und Personalakte (§§ 82 Abs. 2, 83 Abs. 1 BetrVG)

Personalgespräche und -akten sind besonders geschützt

Es gibt in zwei speziellen Situationen eine **besonders strenge Geheimhaltungsverpflichtung** für Betriebsratsmitglieder.
Arbeitnehmer haben die Möglichkeit, ihr Entgelt, ihre Leistung und ihre Entwicklung mit dem Arbeitgeber zu besprechen (§ 82 Abs. 2 BetrVG) und ihre Personalakte einzusehen (§ 83 BetrVG). In diesen Situationen können Arbeitnehmer ein Betriebsratsmitglied hinzuziehen.
Wenn ein Betriebsratsmitglied an einem solchen **Personalgespräch** oder an der **Akteneinsicht** teilnimmt, ist es zur Geheimhaltung verpflichtet. Die Geheimhaltungsverpflichtung gilt für den gesamten Inhalt des Gesprächs und der Personalakte.

Geltung gegenüber jedermann

Diese Verschwiegenheitspflicht ist strenger als die anderen Geheimhaltungspflichten, weil das Betriebsratsmitglied **gegenüber jedem** zum Schweigen verpflichtet ist. Das bedeutet, dass die Geheimhaltung auch gegenüber anderen Betriebsratsmitgliedern und dem Betriebsrat als Gremium gilt!
Es gibt nur eine Möglichkeit, wie diese Verschwiegenheitsverpflichtung enden kann – der betroffene Arbeitnehmer kann das Betriebsratsmitglied **von der Schweigepflicht entbinden**.

4. Wahrung des Datenschutzes

Der 2021 durch das Betriebsrätemodernisierungsgesetz eingeführte § 79a BetrVG verpflichtet den Betriebsrat, die Vorschriften über den Datenschutz einzuhalten.

Allgemeine Verpflichtung zum Datenschutz

Denn dem Betriebsrat begegnen personenbezogene Daten nicht nur im Rahmen der Anhörungen zu personellen Einzelmaßnahmen und Kündigungen. Da Arbeitnehmer aber genauso Schutz brauchen, wenn Betriebsräte persönliche Geheimnisse in anderem Zusammenhang erfahren, gibt es eine allgemeine Pflicht zur Geheimhaltung im Rahmen des allgemeinen Datenschutzes.

Notwendigkeit der Verarbeitung

Der Datenschutz bindet auch den Betriebsrat. Auch er geht bei seiner Arbeit mit personenbezogenen Daten um. Unter den Datenschutz fallen ausnahmslos alle personenbezogenen Daten – egal, ob diese vertraulich sind oder nicht. Der Datenschutz verpflichtet den Betriebsrat dazu, personenbezogene Daten nur zur Erfüllung seiner Aufgaben als Betriebsrat zu verwenden. Daher darf er diese Daten auch nur weitergeben, wenn es für seine Arbeit notwendig ist.

Organisation der Arbeit im Sinne des Datenschutzes

Der Betriebsrat ist dem Datenschutz umfassend verpflichtet. Er muss Arbeitnehmerdaten also vor unberechtigtem Zugriff durch den Arbeitgeber schützen, sich bei seiner Arbeit aber auch selbst an die Spielregeln des Datenschutzes halten. Er muss die Betriebsratsarbeit so erledigen, dass personenbezogene Daten geschützt werden. Dafür muss er hinreichende datenschutzrechtliche Schutzvorkehrungen treffen – z. B. die verschlossene Aufbewahrung von Unterlagen, Beschränkung des Zugriffs auf elektronisch gespeicherte Daten durch Passwortsicherung, regelmäßige Überprüfung der Speicherdauer und gegebenenfalls anschließende Datenlöschung sowie regelmäßige Sensibilisierung der Betriebsratsmitglieder.[30]

5. Betriebsratsinterne Angelegenheiten

Offene und transparente Kommunikation

Es existiert keine Pflicht für Betriebsratsmitglieder, über betriebsratsinterne Angelegenheiten zu schweigen. Das bedeutet, dass Betriebsratsmitglieder über ihre Betriebsratsarbeit offen sprechen dürfen, wenn nicht eine der anderen Schweigepflichten eingreift.

> **Hinweis:**
> In bestimmten Einzelfällen kann ausnahmsweise doch eine Schweigepflicht über betriebsratsinterne Angelegenheiten gelten. Die Pflicht zur Verschwiegenheit gilt dann, wenn ohne Geheimhaltung die Aufgabenerfüllung oder die Arbeitsfähigkeit des Betriebsrats gefährdet wäre. Dies

30 BAG 9. 5. 2023 – 1 ABR 14/22.

nimmt jedenfalls das Bundesarbeitsgericht an und nennt als denkbare Beispiele »vertrauliche Mitteilungen von Belegschaftsmitgliedern gegenüber Betriebsratsmitgliedern« und »noch im Stadium des Entstehens befindliche Betriebsratsbeschlüsse, deren Zustandekommen durch ein zu frühzeitiges Bekanntwerden nachdrücklich gefährdet wird«[31]. In der Praxis dürften solche Fälle nur äußerst selten vorkommen.

6. Konsequenzen einer Schweigepflichtverletzung

Verletzt ein Betriebsrat eine der ihm auferlegten Schweigeverpflichtungen, kann das Sanktionen nach sich ziehen.

a. Amtsenthebung und Auflösung des Betriebsrats

Auswirkungen auf das Amt als Interessenvertreter

Eine mögliche Konsequenz ist die **Amtsenthebung des einzelnen Betriebsratsmitglieds** wegen grober Verletzung der Betriebsratspflichten (§ 23 Abs. 1 BetrVG). Die Amtsenthebung kann insbesondere durch den Arbeitgeber, die Gewerkschaft, aber auch durch den Betriebsrat beim Arbeitsgericht beantragt werden. Das Gericht entscheidet dann darüber, ob das Mitglied wegen der Pflichtverletzung aus dem Betriebsrat ausscheidet.

Eine weitere mögliche Konsequenz ist die **Auflösung des gesamten Betriebsrats** wegen grober Verletzung der Betriebsratspflichten (§ 23 Abs. 1 BetrVG). Die Auflösung kann insbesondere durch den Arbeitgeber oder die Gewerkschaft beim Arbeitsgericht beantragt werden. Dann entscheidet das Gericht, ob der Betriebsrat in seiner aktuellen Besetzung aufgelöst wird. Wenn das der Fall ist, kann ein neuer Betriebsrat gewählt werden.

Die Voraussetzungen an eine Amtsenthebung eines Mitglieds oder die Auflösung des Betriebsrats sind sehr hoch. In beiden Fällen muss eine schwere Pflichtverletzung vorliegen.

Beispiel für die Annahme einer schweren Pflichtverletzung:

- Weitergabe von Gehaltslisten an eine Gewerkschaft[32]

31 BAG 5.9.1967 – 1 ABR 1/67.

32 BAG 22.5.1959 – 1 ABR 2/59.

Beispiel für die Ablehnung einer schweren Pflichtverletzung:
- Weitergabe von Personaldaten von Arbeitnehmern an andere Arbeitnehmer mit anschließender Entschuldigung des Betriebsrats

Hier wurde eine Pflichtverletzung abgelehnt da sich der Betriebsrat entschuldigt hatte und daher keine Widerholungsgefahr bestand.[33] Es ist davon auszugehen, dass auch hier die Pflichtverletzung angenommen worden wäre, wenn sich der Betriebsrat nicht entschuldigt hätte.

b. Außerordentliche Kündigung

Auswirkungen auf das Arbeitsverhältnis

Eine Verletzung von Schweigepflichten kann auch zu einer außerordentlichen Kündigung des Arbeitsverhältnisses des Betriebsratsmitglieds führen.[34]

c. Strafbarkeit (§ 120 BetrVG)

Strafrechtliche Konsequenzen

Die Verletzung der Geheimhaltungspflicht über Betriebs- und Geschäftsgeheimnisse (§ 79 BetrVG) oder persönliche Geheimnisse (§§ 82 Abs. 2, 83 Abs. 1, 99 Abs. 1 Satz 3, 102 Abs. 2 Satz 5 BetrVG) ist strafbar. Das gilt allerdings nur, wenn das Betriebsratsmitglied die Geheimhaltungspflicht vorsätzlich verletzt hat.

Die Schweigepflichtverletzung wird nur auf Antrag des Verletzten – also des Arbeitgebers oder des betroffenen Arbeitnehmers – verfolgt. Bestraft wird sie mit Geldstrafe oder mit bis zu zwei Jahren Freiheitsstrafe.

---

33 LAG Frankfurt 4.5.2000 – 12 TaBV 100/99.

34 LAG Hamm 22.7.2011 – 10 Sa 381/11.

VIII. Der besondere Schutz von Mandatsträgern vor Kündigung und Versetzung

Gewährleisten einer unabhängigen Tätigkeit

Ein Grundsatz der Betriebsverfassung ist es, dass Betriebsräte unabhängig vor Furcht arbeitsrechtlicher Konsequenzen durch den Arbeitgeber agieren können müssen. Dazu ist es notwendig, die Betriebsratsmitglieder vor willkürlichen personellen Einzelmaßnahmen wie Kündigungen und Versetzungen zu schützen. Nur wer keine Angst haben muss, seine wirtschaftliche Existenz zu verlieren, kann sich bei der Betriebsratsarbeit ausschließlich[35] der Vertretung der Interessen der Belegschaft widmen.

Schutz der Kontinuität der Betriebsratsarbeit

Im Betrieb gilt die Meinungsfreiheit und sachbezogene Auseinandersetzungen dürfen scharf und durchaus mit harten Worten geführt werden. Der Meinungsstreit soll aber nicht dazu führen, dass der Arbeitgeber quasi von heute auf morgen meinungsstarke Betriebsratsmitglieder aus dem Betrieb entfernen kann. Das System des besonderen Kündigungsschutzes schützt dabei auch die Kontinuität der Betriebsratsarbeit.[36] Dem Arbeitgeber wird die Möglichkeit verwehrt, außerordentliche Kündigungen auszusprechen, ohne dass das Gremium dieser Kündigung zugestimmt hat oder ein Gericht die Zustimmung des Gremiums ersetzt hat. Es ist dem Arbeitgeber also nicht möglich, die Mehrheiten im Betriebsrat zu seinen Gunsten zu verändern, indem er ihm nicht genehme Betriebsratsmitglieder einfach außerordentlich kündigt.

Schutz vor Versetzungen

Außerdem sind Betriebsratsmitglieder vor Versetzungen besonders geschützt, wenn diese dazu führen würden, dass sie ihr Betriebsratsamt verlieren. Das ist z. B. der Fall, wenn die Versetzung in einen anderen Betrieb erfolgt, für den der Betriebsrat, dem das Mitglied angehört, nicht zuständig ist. Solche Versetzungen dürfen wie auch außerordentliche Kündigungen nur mit **Zustimmung des Betriebsrats** erfolgen, oder wenn ein Arbeitsgericht die Zustimmung ersetzt hat.

---

35 BVerfG 30.5.2018 – 1 BVR 1149/17.

36 BAG 23.2.2010 – 2 AZR 656/08.

1. Das System des besonderen Kündigungsschutzes nach § 15 KSchG

a. Die außerordentliche Kündigung

Die Kündigung von Mitgliedern des Betriebsrats ist in der Regel nur zulässig, wenn ein **wichtiger Grund** zur Kündigung vorliegt. In diesen Fällen wird die Kündigung ohne Einhaltung einer Kündigungsfrist sofort wirksam (außerordentliche Kündigung).

Zustimmung des Betriebsrats

Die Kündigung darf aber nur ausgesprochen werden, nachdem der Betriebsrat der Kündigung zugestimmt hat. Stimmt der Betriebsrat der Kündigung nicht zu, kann der Arbeitgeber die **Ersetzung der Zustimmung** zur Kündigung durch das Arbeitsgericht beantragen (§ 103 BetrVG). Erst wenn das Gericht eine solche Zustimmung erteilt, kann eine Kündigung wirksam ausgesprochen werden. Dazu muss der Beschluss des Gerichts rechtskräftig werden. Das bedeutet, solange der Betriebsrat noch ein Rechtsmittel einlegen kann, ist die Kündigung nicht möglich. Ein solcher Rechtsstreit kann mehrere Jahre dauern. Während dieser Zeit darf das Betriebsratsmitglied ungestört seiner Betriebsratsarbeit nachgehen und muss sein arbeitsvertraglich vereinbartes Entgelt erhalten.

Gleiches gilt für die Kündigung von Mitgliedern der Jugend- und Auszubildendenvertretung. Mitglieder des Wahlvorstands und Wahlbewerber sind geschützt bis zur Bekanntgabe des Wahlergebnisses.

b. Die ordentliche Kündigung

In ganz eingeschränkten Fällen ist auch die ordentliche Kündigung eines Betriebsratsmitglieds möglich. Das ist der Fall, wenn der Betrieb geschlossen wird. Aber auch wenn die Abteilung geschlossen wird, in der das Betriebsratsmitglied beschäftigt ist und eine Weiterbeschäftigung in einer anderen Abteilung nicht möglich ist. Die Kündigung ist dann unter Einhaltung der **Kündigungsfrist** auszusprechen (ordentliche Kündigung).

Betriebsrat kann der Kündigung widersprechen

Der Betriebsrat muss zu einer solchen Kündigung nicht seine Zustimmung erteilen. Er ist nur anzuhören und kann der Kündigung widersprechen nach § 102 BetrVG.

c. Ende der Amtszeit

Endet die Amtszeit des Betriebsratsmitglieds, kann es für die Dauer von einem Jahr nur aus wichtigem Grund, also **außerordentlich** gekündigt

werden. Die Kündigung kann dann aber ohne Zustimmung des Betriebsrats ausgesprochen werden. Der Betriebsrat ist nur anzuhören nach § 102 BetrVG.
Das gilt auch für die Mitglieder der Jugend- und Auszubildendenvertretung. Für Mitglieder des Wahlvorstands und Wahlbewerber gilt der **nachwirkende Kündigungsschutz** nur sechs Monate.

d. Beginn und Ende des besonderen Kündigungsschutzes

Der besondere Kündigungsschutz beginnt für ein Betriebsratsmitglied regelmäßig mit seiner Aufstellung zur Wahl und dauert bis zum Ende der Amtszeit (siehe oben unter 1. a). Danach schließt sich der sogenannte **nachwirkende Kündigungsschutz** an. Er gilt in der Regel 12 Monate (siehe oben unter 1. c.).

2. Die außerordentliche Kündigung und das Verfahren nach § 103 BetrVG

a. Der wichtige Grund

Ablaufschema bei außerordentlicher Kündigung auf Seite 76

Liegen Gründe zu einer außerordentlichen Kündigung vor, kann ein Mitglied des Betriebsrats gekündigt werden. Die Hürde für den Arbeitgeber ist aber hoch. Es muss ein wichtiger Grund zur Kündigung vorliegen. Dieser Grund muss so schwerwiegend sein, dass es für den Arbeitgeber **unzumutbar** ist, das Arbeitsverhältnis fortzusetzen (§ 626 BGB).

Abmahnung notwendig

In der Regel liegen die Gründe im Verhalten des Betriebsratsmitglieds. Regelmäßig muss vorher eine **Abmahnung** erfolgen, die das Gremienmitglied eindrücklich auf sein Fehlverhalten hinweist. Es muss erkennen können, dass es bei Wiederholung des Verhaltens mit einer Kündigung rechnen muss.

Außerordentliche Kündigung ohne vorherige Abmahnung

Es gibt aber auch wichtige Gründe, die eine außerordentliche Kündigung ohne vorherige Abmahnung rechtfertigen. Dies ist immer dann der Fall, wenn sich das Betriebsratsmitglied z. B. zu einer **Straftat** hinreisen lässt oder der dringende Verdacht einer Straftat vorliegt.

Beispiele für einen wichtigen Grund:
- Diebstahl von Arbeitsmaterialien,
- Spesenbetrug,
- Täuschung über die gearbeitete Arbeitszeit (Arbeitszeitbetrug),

- Beleidigungen oder Tätlichkeiten gegen andere Beschäftigte oder den Arbeitgeber selbst,
- Sexuelle Belästigung,
- Rassistisch motivierte Handlungen gegen Beschäftigte.

b. Die Amtspflichtverletzung

Begeht das Betriebsratsmitglied ausschließlich eine **Amtspflichtverletzung**, liegt darin kein wichtiger Grund für die Kündigung eines Arbeitsverhältnisses. Verstößt das Betriebsratsmitglied ausschließlich gegen kollektivrechtliche Pflichten, darf darauf keine Kündigung gestützt werden.[37] Kollektivrechtliche Pflichten eines Betriebsratsmitglieds sind z. B. an den Betriebsratssitzungen teilzunehmen und die Einhaltung der Neutralitätspflicht u. a.

Beispiel:
Der Betriebsratsvorsitzende und sein Stellvertreter wenden sich in einer E-Mail an alle Beschäftigten und kündigen den geplanten Warnstreik der Gewerkschaft ver.di an. Sie rufen auf, daran teilzunehmen und den Kampf für Lohnerhöhungen zu unterstützen. Die E-Mail ist mit den Namen der beiden Betriebsratsmitglieder unterschrieben und unter den Namen steht ihre Funktion: Betriebsratsvorsitzender und Stellvertreter des Betriebsrats.

Durch die Betonung ihrer Funktion in der E-Mail erwecken die beiden den Anschein, als riefe der Betriebsrat zu dem Warnstreik auf. Das stellt eine Verletzung der Neutralitätspflicht dar. Sie haben eine Amtspflichtverletzung begangen.
Da diese Amtspflichtverletzung keinerlei Auswirkungen auf ihre arbeitsvertraglichen Pflichten hat, rechtfertigt eine solche Pflichtverletzung keine Kündigung. Als Beschäftigte eines Betriebs haben sie nämlich das Recht, zum Warnstreik aufzurufen. Dieses Recht ist durch Art. 9 Abs. 3 GG (Koalitionsfreiheit) geschützt.
Reine Amtspflichtverletzungen kommen in der Praxis selten vor. In den meisten Fällen geht mit der **Amtspflichtverletzung auch eine Verletzung der arbeitsvertraglichen Pflichten einher**. Eine außerordentliche Kündigung ist in diesem Fall aber nur gerechtfertigt, wenn die Verletzung der arbeitsvertraglichen Pflichten besonders schwerwiegend ist. Das BAG legt dabei einen strengen Maßstab an. Es soll verhindert werden, dass Betriebsratsmitglieder, die in Ausübung ihres Amtes tätig werden, stets das

37 BAG 12. 5. 2010 – 2 AZR 587/08.

Damoklesschwert der außerordentlichen Kündigung über sich fühlen. Das würde die freie Ausübung des Amts beeinträchtigen.[38]

Beispiel:
Das freigestellt Betriebsratsmitglied schaut sich regelmäßig während der Arbeitszeit Pornos auf seinem Computer an. Wäre das Gremienmitglied nicht freigestellt, läge ein klarer Arbeitszeitbetrug vor, denn während der Arbeitszeit schuldet ein Beschäftigter Arbeitsleitung.

Das freigestellte Mitglied begeht eine Amtspflichtverletzung, denn es schuldet die Verrichtung von Betriebsratsarbeit, während der vertraglich vereinbarten Arbeitszeit.
Dennoch hat das Verhalten des freigestellten Mitglieds Auswirkungen auf seinen Arbeitsvertrag. Die Freistellung von der Arbeitsleitung erfolgt zum Zwecke der Betriebsratstätigkeit. Nutzt der Freigestellte die Zeit anderweitig, dann verstößt er auch gegen seinen Arbeitsvertrag.
Das regelmäßige »Stehlen« von Arbeitszeit zu einem nicht zu billigenden Zweck stellt eine schwerwiegende Verletzung des Arbeitsvertrags dar. Die Kündigung wäre gerechtfertigt.

c. Der besondere Kündigungsschutz ist kein wichtiger Grund

In der Praxis begegnet man immer wieder Fällen, in denen Arbeitgeber außerordentlich kündigen, obwohl der Verstoß gegen den Arbeitsvertrag nicht besonders schwerwiegend ist. Begründet wird dies damit, dass eine ordentliche Kündigung auf Grund des Kündigungsschutzes ausgeschlossen ist.

Beispiel:
Das alleinerziehende Betriebsratsmitglied kommt regelmäßig zu spät. Das liegt daran, dass sie ihr Kind in die Kita bringen muss und die öffentlichen Verkehrsmittel oft sehr unzuverlässig sind, was die Pünktlichkeit betrifft. Sie wurde auch schon abgemahnt.

Hier ist keine außerordentliche Kündigung gerechtfertigt, denn der Verstoß gegen die arbeitsvertraglichen Pflichten wiegt nicht schwer genug. Möglicherweise käme eine ordentliche Kündigung in Betracht. Denn grundsätzlich ist eine Beschäftigte verpflichtet, ihr Privatleben so zu orga-

38 BAG 23.10.1969 – 2 AZR 127/69.

nisieren, dass sie ihren Arbeitsvertrag erfüllen kann. Man wird in diesem Fall aber nicht sagen können, dass es dem Arbeitgeber nicht zumutbar ist, bis zum Ende einer Kündigungsfrist das Arbeitsverhältnis aufrechtzuerhalten. Deshalb ist eine außerordentliche Kündigung nicht möglich. Neben dem wichtigen Grund als Voraussetzung für eine außerordentliche Kündigung ist die zweite Voraussetzung, um eine außerordentliche Kündigung zu rechtfertigen, dass die Beschäftigung bis zum Ablauf der Kündigungsfrist unzumutbar ist.

d. Die Unzumutbarkeit der Weiterbeschäftigung

Durch den besonderen Kündigungsschutz ist eine ordentliche Kündigung ausgeschlossen. Es fehlt jedenfalls an der Voraussetzung »Unzumutbarkeit, das Arbeitsverhältnis bis zum Ende der Kündigungsfrist fortzusetzen«.[39]

Umstände des Einzelfalls

Die Frage, ob die Weiterbeschäftigung bis zum Ablauf einer (fiktiven) Kündigungsfrist für den Arbeitgeber zumutbar ist, hängt regelmäßig von den Umständen des Einzelfalls ab. Der Maßstab der Beurteilung muss immer sein: »Ist eine außerordentliche Kündigung bei einem Beschäftigten ohne Sonderkündigungsschutz nach § 15 KSchG gerechtfertigt?« Verneint man diese Frage, kommt eine Kündigung eines Mandatsträgers nicht in Frage. Ein weiteres Beispiel verdeutlicht das:

> **Beispiel:**
> Ein Betriebsratsmitglied war in den vergangenen drei Jahren durchschnittlich mehr als 10 Wochen erkrankt. Der Arbeitgeber möchte deshalb krankheitsbedingt kündigen. Er ist auch bereit, die Kündigungsfrist einzuhalten.

Eine solche Kündigung käme für einen Beschäftigten ohne Mandat möglicherweise in Frage. denn die Fehlzeiten sind im Sinne der Rechtsprechung erheblich. Eine **krankheitsbedingte Kündigung** kommt aber deshalb nicht in Frage, weil sie als ordentliche Kündigung erfolgen muss. Diese ist aber bei einem Betriebsratsmitglied ausgeschlossen. Auch durch die Einhaltung einer Kündigungsfrist ist für den Arbeitgeber der Weg zur Kündigung nicht offen.[40]

---

39 BAG 17.1.2008 – 2 AZR 821/06.
40 BAG 15.3.2001 – 2 AZR 624/99.

e. Zwei-Wochen-Frist bei außerordentlichen Kündigungen

Liegen die Voraussetzungen zur außerordentlichen Kündigung vor (wichtiger Grund und Unzumutbarkeit der Weiterbeschäftigung), muss der Arbeitgeber die Kündigung innerhalb einer Ausschlussfrist von 14 Tagen aussprechen (§ 626 Abs. 2 BGB).

Frist von 14 Tagen ist einzuhalten

Versäumt der Arbeitgeber diese Frist, ist die Kündigung allein deswegen unwirksam. Dies gilt unabhängig davon, welcher Grund vorliegt. Selbst z. B. ein tätlicher Angriff auf den Arbeitgeber könnte dann eine Kündigung nicht mehr rechtfertigen.

Die Ausschlussfrist beginnt, wenn der Kündigungsberechtigte Kenntnis vom Kündigungssachverhalt erlangt. Er muss sich die Kenntnis eines Dritten zurechnen lassen, wenn die Stellung des Dritten im Betrieb nach den Umständen des Einzelfalls erwarten lässt, dass der Dritte den Kündigungsberechtigten in Kenntnis setzt.[41]

Frist beginnt mit Kenntnis des Sachverhalts

Es kann nicht von jedem leitenden Angestellten im Betrieb erwartet werden, dass er den Kündigungsberechtigten von einem entsprechenden Sachverhalt informiert, und zwar unabhängig davon, ob er selbst Kündigungsberechtigt ist oder nicht.

Die **14-Tage-Frist** wir aber gehemmt, wenn der Arbeitgeber noch Ermittlungen über den Sachverhalt anstellen muss und diese ohne schuldhaftes Zögern vorantreibt. Die Frist beginnt in diesem Fall erst zu laufen, wenn die Aufklärung des Sachverhalts abgeschlossen ist.[42]

Hemmung der Frist

Gehemmt wird der Ablauf der Frist auch durch ein Gerichtsverfahren, mit dem der Arbeitgeber die Zustimmung zur Kündigung beantragt. Das muss er tun, wenn der Betriebsrat der außerordentlichen Kündigung des Betriebsratsmitglieds nicht zugestimmt hat. Gewinnt der Arbeitgeber das Gerichtsverfahren, muss er unverzüglich die Kündigung aussprechen. Lässt er sich hier Zeit, ist die Kündigung unwirksam.

Sinn und Zweck der Ausschlussfrist ist es, dass ein Arbeitgeber schnell entscheiden muss, ob er meint zu einer außerordentlichen Kündigung berechtigt zu sein. Kündigungsgründe können nicht »auf Vorrat« gehalten werden. Damit sollen Beschäftigte nicht erpressbar sein, nach dem Motto: »Wenn Du nicht tust, was ich für richtig halte, kündige ich.«

41 BAG 7.9.1983 – 7 AZR 312/87.
42 BAG 20.3.2014 – 2 AZR 1037/12.

f. Zustimmung zur Kündigung durch den Betriebsrat

Liegt nach Meinung des Arbeitgebers ein wichtiger Grund zur Kündigung vor, muss er den Betriebsrat um Zustimmung zur Kündigung bitten (§ 103 BetrVG). Bei der Anhörung sind dem Betriebsrat alle für die Kündigung relevanten Gründe mitzuteilen.

Betriebsrat hat drei Tage Zeit für seine Entscheidung

Der Betriebsrat hat nach Zugang der Anhörung drei Tage Zeit. In diesen drei Tagen sollte er eine Betriebsratssitzung einberufen und eine Entscheidung herbeiführen. Nur wenn der Betriebsrat ausdrücklich der Kündigung zustimmt, darf der Arbeitgeber kündigen.

In der Regel wir der Betriebsrat einer solchen Kündigung **nicht zustimmen**, da sie in den meisten Fällen als Angriff auf die Betriebsratsarbeit gewertet werden muss. Sollten extreme Verstöße vorliegen wie z. B. sexuelle Belästigung oder rassistische Betätigung im Betrieb wird der Betriebsrat vor der Frage stehen, wie er sich verhalten soll. Sind die Verstöße belegt und nicht zu leugnen, wäre es eine befremdliche Botschaft für die Belegschaft und die betroffenen Beschäftigten, ein solches Mitglied durch Zustimmungsverweigerung zu schützen. Ein Kompromiss kann sein, insbesondere wenn der Betriebsrat nicht sicher ist, ob die Verstöße belegt sind, gar keinen Beschluss zu fassen.

Ersetzung der Zustimmung durch das Arbeitsgericht

Verweigert der Betriebsrat die **Zustimmung** zur Kündigung muss der Arbeitgeber die Zustimmung durch das Arbeitsgericht ersetzen lassen. Dies gilt auch, wenn der Betriebsrat zu dem Vorfall schweigt und keinen Beschluss fasst. Der Arbeitgeber kann erst nach rechtskräftiger Entscheidung des Gerichts die Kündigung aussprechen.

> **Begriffserklärung:**
> **Rechtskräftig** bedeutet, dass der Betriebsrat in dem Verfahren kein Rechtsmittel mehr einlegen kann. Das heißt, eine Überprüfung der Entscheidung kann nicht mehr vor einem übergeordneten Gericht (Landesarbeitsgericht oder Bundesarbeitsgericht) angefochten werden.

3. Die ordentliche Kündigung

Zwei Fälle der ordentlichen Kündigung

Die ordentliche Kündigung von Mitgliedern des Betriebsrats kommt in zwei Fällen in Betracht:

a) Der komplette Betrieb wird geschlossen.

b) Die Betriebsabteilung, in der das Betriebsratsmitglied beschäftigt ist, wird stillgelegt und es gibt keine andere Weiterbeschäftigungsmöglichkeit im verbleibenden Betrieb.

a. Betriebsstilllegung

Ablaufschema bei ordentlicher Kündigung auf Seite 75

Begriffserklärung:
Unter einer Betriebsstilllegung wird die dauerhafte Aufgabe der wirtschaftlichen Betätigung des Unternehmers in diesem Betrieb verstanden.

Beispiel:
Die K GmbH hat einen Betrieb in Alsfeld und einen Betrieb in Homberg. Sie beschließt in Alsfeld nicht mehr zu produzieren. Die Maschinen im Werk Alsfeld werden zum Teil an andere Standorte auch außerhalb Deutschlands verlagert oder verschrottet. Der Betrieb schließt zum 30.6. des kommenden Jahres.

Dies stellt eine Betriebsstilllegung in Alsfeld dar. Zum Zeitpunkt der Stilllegung können die Betriebsratsmitglieder ordentlich unter Einhaltung der Kündigungsfrist gekündigt werden. In dem oben genannten Beispiel wäre das eine Kündigung zum 30.6. des kommenden Jahres. Einer Zustimmung des Betriebsrats zu Kündigung nach § 103 BetrVG bedarf es nicht. Denn § 103 BetrVG kommt immer nur dann zur Anwendung, wenn es um außerordentliche Kündigungen, d.h., Kündigungen aus wichtigem Grund geht.

Anhörung des Betriebsrats

Bei einer ordentlichen Kündigung muss der Betriebsrat nur nach § 102 BetrVG angehört werden. Schweigt er zur Kündigung oder verweigert er die Zustimmung, kann der Arbeitgeber dennoch kündigen. Eine Zustimmung muss nicht durch das Arbeitsgericht ersetzt werden.
Wird der Betrieb verkauft oder einfach nur örtlich verlagert, ist das keine Betriebsstilllegung. Es liegt kein Grund zu einer ordentlichen Kündigung der Betriebsratsmitglieder vor.
Ein solches Vorhaben löst in aller Regel Beratungs- und Mitbestimmungsrechte des Betriebsrats aus.

Näheres zu den Mitbestimmungsrechten in Band 1

Richtiger Zeitpunkt

Schwierig ist es oftmals den **Zeitpunkt der Betriebsstilllegung** zu bestimmen. Denn erst zu diesem Zeitpunkt dürfen die Mitglieder des Betriebsrats gekündigt werden. Das Bundesarbeitsgericht sieht den richtigen Zeitpunkt für gekommen an, wenn seriöse betriebswirtschaftliche Betrachtungen die Prognose rechtfertigen, dass am Ende der Kündigungsfrist der Betrieb geschlossen wird.[43] Ist die Stilllegung des Betriebs etappenweise geplant, dürfen die Mitglieder des Betriebsrats erst in der letzten Etappe gekündigt werden. Auch wenn Restarbeiten wie z. B. die Demontage der Maschinen zu erledigen sind, liegt noch keine Betriebsstilllegung vor.[44]

b. Die Stilllegung einer Betriebsabteilung

Wird die Abteilung geschlossen, in der das Betriebsratsmitglied beschäftigt ist, kommt eine ordentliche Kündigung nur in Betracht, wenn eine Weiterbeschäftigung in dem verbleibenden Betrieb nicht möglich ist.

> **Begriffserklärung:**
> Unter eine Abteilung wird ein organisatorisch abgrenzbarer Bereich des Betriebs verstanden.

> **Beispiel:**
> Das Betriebsratsmitglied ist in der Buchhaltung beschäftigt. Das Unternehmen entscheidet, künftig die Buchhaltung nicht mehr selbst zu machen, sondern die Arbeit fremd zu vergeben.

In diesem Fall ist das Betriebsratsmitglied auf einem anderen Arbeitsplatz zu beschäftigen. Dabei kommt es nicht darauf an, dass dieser Arbeitsplatz frei und unbesetzt ist. Notfalls muss der Arbeitgeber einen Arbeitsplatz **freikündigen**, wenn kein freier Arbeitsplatz zur Verfügung steht.

Kontinuität der Betriebsratsarbeit

Der Gesetzgeber will mit dieser strengen Regelung erreichen, dass die Kontinuität der Betriebsratsarbeit gewährleistet wird. Es soll nicht möglich sein, dass ein Arbeitgeber Umstrukturierungsmaßnahmen initiiert, damit der Weg für die Kündigung von Betriebsratsmitgliedern frei wird. Dabei hat der Arbeitgeber dem Betriebsratsmitglied einen zumutbaren Arbeitsplatz anzubieten. Es ist auch nicht zulässig, das Betriebsratsmitglied quasi in die Eigenkündigung zu treiben, indem ihm ein geringerwertiger Arbeitsplatz angeboten wird.

Keine Möglichkeit der Weiterbeschäftigung

Nur wenn keine Weiterbeschäftigungsmöglichkeit zur Verfügung steht, auch nicht im Wege der Änderungskündigung, kann eine ordentliche Kündigung ausgesprochen werden. Dies bedeutet, dass es keinen Arbeits-

---

43 BAG 19. 6. 1991 – 2 AZR 127/91.
44 BAG 21. 11. 1985 – 2 AZR 33/85.

platz im Betrieb mehr gibt, für den das Betriebsratsmitglied qualifiziert wäre.

Beispiel:
Ein Betrieb, der sich mit Softwareentwicklung beschäftigt und fast ausschließlich Softwareentwickler angestellt hat, beschließt seine Facility-Management-Abteilung zu schließen. Die Haustechnik und alles was dazugehört, soll künftig von einer Drittfirma erbracht werden. Ein Betriebsratsmitglied war seit Jahren als Hausmeister angestellt. Es kann weder in der Softwareentwicklung noch im kaufmännischen Bereich eingesetzt werden, weil die Qualifikationen nicht vorhanden sind. In diesem Fall dürfte eine ordentliche Kündigung gerechtfertigt sein.

4. Die Änderungskündigung

Die ordentliche Änderungskündigung ist nur möglich, wenn kein Arbeitsplatz zur Verfügung steht auf den das Betriebsratsmitglied im Wege des Direktionsrechts versetzt werden kann. Dann muss der Arbeitgeber zum Mittel der Änderungskündigung greifen. Bei einer Änderungskündigung wird eine Kündigung ausgesprochen und gleichzeitig ein Angebot unterbreitet, das Arbeitsverhältnis zu geänderten Bedingungen fortzusetzen. Das Betriebsratsmitglied hat dann die Wahl, ob es die geänderten Bedingungen akzeptieren möchte oder den Betrieb verlässt. Auch bei der Änderungskündigung ist die Kündigungsfrist einzuhalten, die das Betriebsratsmitglied hätte, wenn der Sonderkündigungsschutz nicht bestünde.

Kein Anspruch auf höherwertigen Arbeitsplatz

Anspruch auf einen höherwertigen Arbeitsplatz soll das Betriebsratsmitglied nach der Rechtsprechung des BAG allerdings nicht haben, und zwar auch dann nicht, wenn der Arbeitsplatz frei und die Qualifikation dafür vorhanden wäre.[45] Ein »Downgrade« ist aber möglich.
Das Betriebsratsmitglied hat im Falle der **Änderungskündigung** die Möglichkeit, die geänderten Arbeitsbedingungen unter Vorbehalt anzunehmen und gleichzeitig in einem Kündigungsschutzprozess überprüfen zu lassen, ob der Arbeitgeber korrekt handelt. Das hat den Vorteil, nicht arbeitslos zu werden und sein Betriebsratsamt zu behalten. Gewinnt das Betriebsratsmitglied den Prozess, muss es wieder zu den vorherigen Bedingungen beschäftigt werden. Eventuell bestehende Entgeltdifferen-

45 BAG 23.2.2010 – 2 AZR 656/08.

zen (vorher/nachher) muss der Arbeitgeber auch für die zurückliegenden Zeit ausgleichen. Verliert das Betriebsratsmitglied den Prozess, verbleibt es bei den geänderten Arbeitsbedingungen.

! **Die ordentliche Kündigung eines Betriebsratsmitglieds ist für den Arbeitgeber ein schwieriger und mit dem Risiko von vielen Fehlern behafteter Prozess. Es ist deshalb zu empfehlen, eine solche Kündigung oder eine Änderungskündigung in jedem Fall gerichtlich überprüfen zu lassen. Selbst bei einer vollständigen Betriebsschließung kann der Zeitpunkt der Kündigung der falsche sein. Das führt dazu, dass die Kündigung insgesamt unwirksam ist.**

Drei-Wochen-Frist

Soll die Kündigung gerichtlich überprüft werden, muss innerhalb von drei Wochen nach Zugang der Kündigung Kündigungsschutzklage beim Arbeitsgericht erhoben werden. Die Frist darf nicht versäumt werden. Nach den drei Wochen hat die Klage so gut wie keine Aussicht auf Erfolg mehr.

5. Schutz vor Versetzungen

Soll ein Betriebsratsmitglied auf einen anderen Arbeitsplatz versetzt werden, muss man unterscheiden, ob die Versetzung innerhalb des Betriebs oder in einen anderen Betrieb erfolgen soll.

Anderer Arbeitsplatz innerhalb des Betriebs

Wir das Betriebsratsmitglied auf einen anderen Arbeitsplatz innerhalb des Betriebs versetzt, übt der Betriebsrat seine Mitbestimmung wie bei allen anderen Beschäftigten auch nach § 99 BetrVG aus. Er kann innerhalb von sieben Tagen, nachdem ihm die Anhörung zugegangen ist, die **Zustimmung verweigern**. Schweigt der Betriebsrat oder versäumt er die Frist, gilt die Zustimmung als erteilt.

Versetzung in einen anderen Betrieb

Soll das Betriebsratsmitglied in einen anderen Betrieb des Unternehmens versetzt werden, greift der besondere Schutz aus § 103 BetrVG. Eine Versetzung in einen anderen Betrieb bedeutet nämlich den **Verlust des Betriebsratsamts**. Das Mitglied könnte nicht mehr im Betriebsrat mitarbeiten. Das Gesetz schreibt deshalb vor, dass eine Versetzung in einen anderen Betrieb nur in Frage kommt, wenn sie aus **dringenden betrieblichen Gründen** notwendig ist und außerdem die betriebsverfassungsrechtliche Stellung des Mandatsträgers ausreichend Berücksichtigung findet.

Das bedeutet, dass die unternehmerische Entscheidung nicht willkürlich sein darf, sondern von **sachlichen Gründen** getragen sein muss. Außerdem dürfen keine geeigneten Maßnahmen zur Verfügung stehen, die eine Weiterbeschäftigung im selben Betrieb ermöglichen. Wenn eine Möglichkeit besteht das Betriebsratsmitglied im selben Betrieb sinnvoll weiter zu beschäftigen, ist die Versetzung nicht durch dringende betriebliche Gründe gerechtfertigt.[46]

> **Beispiel:**
> Das Betriebsratsmitglied ist als Angestellter in der IT-Abteilung im Servicemanagement beschäftigt. Diese Abteilung wird in den Betrieb in einer anderen Stadt verlagert. Dorthin soll das Betriebsratsmitglied versetzt werden. Wenn nun im selben Betrieb noch eine sinnvolle Beschäftigung möglich ist z. B. in der Softwareentwicklung wäre die Versetzung nicht durch dringende betriebliche Gründe gerechtfertigt. Auch eine Beschäftigung außerhalb der IT wäre denkbar.

Eine Versetzung ist nur möglich, wenn der Arbeitsvertrag des Betriebsratsmitglieds dies zulässt. Ansonsten bleibt für den Arbeitgeber nur der Weg der Änderungskündigung.

Bei einer Versetzung in einen anderen Betrieb muss der Betriebsrat seine **Zustimmung** erteilen. Erteilt er diese nicht oder schweigt er zum Antrag des Arbeitgebers, muss die Zustimmung durch das Arbeitsgericht ersetzt werden. Vorher darf die Versetzung nicht vorgenommen werden.

Näheres zur Zustimmung bei außerordentlichen Kündigungen auf Seite 62

Ist das Betriebsratsmitglied mit der Versetzung einverstanden, ist der Betriebsrat außen vor. Genauso wenig wie man ein Betriebsratsmitglied davon abhalten kann, den Betrieb durch Kündigung zu verlassen, kann der Betriebsrat eine Versetzung gegen den Willen des Mitglieds verhindern.

6. Der Schutz des Ersatzmitglieds

Ist ein Betriebsratsmitglied an der Ausübung seines Amts verhindert, rückt ein Ersatzmitglied nach. Für die Zeit des Nachrückens hat das Ersatzmitglied denselben Kündigungsschutz wie ein Betriebsratsmitglied. Es gilt das unter Ziffer VIII. 2. bis 5. auf Seite 57 ff. Beschriebene für diese Zeit. Kündigungsschutz beginnt an dem Tag, an dem das ordentliche Betriebsratsmitglied erstmals verhindert ist.

Näheres zur Verhinderung von Betriebsratsmitgliedern in Band 2

46 BAG 27.7.2016 – 7 ABR 55/14.

> **Beispiel:**
> Wird ein ordentlich gewähltes Betriebsratsmitglied krank, beginnt für das Ersatzmitglied ab dem ersten Krankheitstag die zeitweise »Vollmitgliedschaft« im Betriebsrat. Seine Tätigkeit beginnt nicht erst mit der nächsten Betriebsratssitzung. Das Ersatzmitglied rückt sofort nach.

Ist ein Betriebsratsmitglied an der Teilnahme an einer Betriebsratssitzung gehindert, weil es z. B. in Urlaub ist, beginnt der Kündigungsschutz des Ersatzmitglieds bereits mit der Ladung zur Betriebsratssitzung. Das gilt selbst dann, wenn das Betriebsratsmitglied zu diesem Zeitpunkt noch im Betrieb ist, weil der Urlaub erst später beginnt.

Endet die Verhinderung des Betriebsratsmitglieds, rückt das Ersatzmitglied wieder in »die zweite Reihe« zurück.

Nachwirkender Kündigungsschutz

Es wird vom »Betriebsratsmitglied auf Zeit« wieder zum Ersatzmitglied und hat den nachwirkenden Kündigungsschutz (§ 15 Abs. 1 KSchG). Das heißt, es kann die nächsten 12 Monate nur aus einem wichtigen Grund außerordentlich gekündigt werden. Rückt das Ersatzmitglied innerhalb der 12 Monate wieder vorübergehend in den Betriebsrat nach, beginnen die 12 Monate erneut zu laufen, wenn die Vertretungstätigkeit endet.

Näheres zur Betriebsstilllegung und Stilllegung einer Abteilung auf Seite 62

Eine ordentliche Kündigung kommt nur bei einer Betriebsstilllegung oder der Stilllegung einer Abteilung in Frage.

Tritt das Betriebsratsmitglied zurück, rückt das Ersatzmitglied in den Betriebsrat auf Dauer nach und genießt den Schutz eines Betriebsratsmitglieds.

7. Kündigungsschutz für Wahlinitiatoren, Wahlvorstandsmitglieder und Wahlbewerber

Durch das Betriebsrätemodernisierungsgesetz 2021 wurde der Schutz von Beschäftigten, die eine Betriebsratswahl initiieren, verstärkt. Der Kündigungsschutz beginnt ab dem Tag, an dem die Beschäftigten die **Vorbereitungshandlungen zur Wahl** beginnen. Dazu müssen sie bei einem Notar eine Erklärung abgeben, dass sie eine Betriebsratswahl vorbereiten. Der Notar beglaubigt diese Erklärung. Ab diesem Zeitpunkt kann der Arbeitgeber nur noch außerordentlich kündigen. Dieser Kündigungsschutz gilt für die Dauer von drei Monaten. Der Arbeitgeber muss darüber nicht in Kenntnis gesetzt werden (§ 15 Abs. 3a KSchG).

Innerhalb der drei Monate sollte dann zu einer **Betriebsversammlung oder Wahlversammlung** eingeladen werden. Auf dieser Wahlversammlung wird der Wahlvorstand gewählt. Die ersten sechs Beschäftigten, die diese Einladung unterzeichnen, genießen Kündigungsschutz vor außerordentlichen Kündigungen bis zur Bekanntgabe des Wahlergebnisses (§ 15 Abs. 3a KSchG).

Nur außerordentliche Kündigung möglich

Mitglieder des Wahlvorstands dürfen vom Zeitpunkt ihrer Wahl bzw. ihrer Bestellung an durch einen amtierenden Betriebsrat bis zur Bekanntgabe des Wahlergebnisses nur aus außerordentlichen Gründen und mit ausdrücklicher **Zustimmung des Betriebsrats** gekündigt werden. Existiert noch kein Betriebsrat, muss die Zustimmung zur außerordentlichen Kündigung beim Arbeitsgericht beantragt werden. Nach Bekanntgabe des Wahlergebnisses gibt es für sechs Monate einen nachwirkenden Kündigungsschutz. In dieser Zeit kann nur eine außerordentliche Kündigung erfolgen. Eine Zustimmung durch den Betriebsrat ist in diesen sechs Monaten nicht mehr erforderlich.

Wahlbewerber sind ab dem Tag der Aufstellung des Wahlvorschlags bis zur Bekanntgabe des Wahlergebnisses geschützt. Sie können nur aus außerordentlichen Gründen und mit Zustimmung des Betriebsrats gekündigt werden. Existiert noch kein Betriebsrat, muss die Zustimmung zur außerordentlichen Kündigung beim Arbeitsgericht beantragt werden. Wird der Wahlbewerber nicht gewählt, schließt sich ein nachwirkender Kündigungsschutz von sechs Monaten an. In dieser Zeit kann nur außerordentlich gekündigt werden. Eine Zustimmung durch den Betriebsrat ist in diesen sechs Monaten nicht mehr erforderlich (§ 15 Abs. 3 KSchG).

Anhang 1
Musterschreiben Einladung des Arbeitgebers zur Beratung über die Freistellung nach § 38 BetrVG[47]

An die
Geschäftsleitung — Ort …, Datum …

Mitteilung zu einem Beschluss über die Freistellung eines Betriebsratsmitgliedes nach § 38 BetrVG

Sehr geehrte Damen und Herren,

der Betriebsrat hat in seiner Sitzung vom … beschlossen, dass eine Freistellung des Betriebsratsmitgliedes … (Name) … zur ordnungsgemäßen Durchführung der Betriebsratsaufgaben erforderlich ist.
(Oder bei Teilfreistellung: Die Freistellung soll nur teilweise zu einer Stundenzahl von … Stunden erfolgen.)
Für eine Beratung über die von uns für unbedingt erforderlich gehaltene Freistellung schlagen wir als **Termin** vor:
Datum: …
Uhrzeit: …
Ort: …
Sollten Sie zu diesem Termin keine Zeit haben, schlagen Sie uns bitte einen anderen Termin in der gleichen Woche vor.

Mit freundlichen Grüßen
…
(Unterschrift Betriebsrat)

47 Die Wahl zur Freistellung ist aber auch ohne Beratung mit dem Arbeitgeber rechtswirksam (BAG 22.11.2017 – 7 ABR 26/16).

Anhang 2
Musterschreiben Bekanntgabe der Freistellung nach § 38 BetrVG an den Arbeitgeber

An die
Geschäftsleitung | Ort …, Datum …

Mitteilung zu einem Beschluss über die Freistellung eines Betriebsratsmitgliedes nach § 38 BetrVG

Sehr geehrte Damen und Herren,

der Betriebsrat hat in seiner Sitzung vom … beschlossen, dass das Betriebsratsmitglied … (Name) gemäß § 38 Abs. 2 BetrVG von seiner beruflichen Arbeit freigestellt ist (oder: im Umfang von … Stunden pro Woche freigestellt ist). Diese Freistellung tritt in Kraft am … (2 Wochen später).

Mit freundlichen Grüßen
…
(Unterschrift Betriebsrat)

Anhang 3
Übersicht Aufgaben des Betriebsrats (Beispiele)

- Teilnahme an Betriebsratssitzungen, inklusive deren Vor- und Nachbereitung
- Erstellen von Sitzungsunterlagen und des Tätigkeitsberichts des Betriebsrats
- Einordnen von Betriebsrats-Unterlagen und Erledigung schriftlicher Arbeiten (einschließlich Erstellen von Niederschriften und Gesprächsnotizen)
- Abhalten der Betriebsrats-Sprechstunden
- Teilnahme an allen Maßnahmen des betrieblichen Arbeitsschutzes, z. B.
  - Sitzungen des Arbeitsschutzausschusses
  - Besprechungen mit dem Betriebsarzt und den Sicherheitsfachkräften
  - Teilnahme an Betriebsbesichtigungen und Unfalluntersuchungen
- Teilnahme an Maßnahmen des betrieblichen Umweltschutzes
- Teilnahme an Sitzungen der Jugend- und Auszubildendenvertretung
- Teilnahme an Besprechungen und Verhandlungen mit dem Arbeitgeber
- Besprechungen mit anderen Mitgliedern des Gremiums
- Besuch eines Rechtsanwalts zur Vorbereitung eines arbeitsgerichtlichen Verfahrens
- Besprechungen mit Gewerkschaftsvertretern (auch außerhalb des Betriebs)
- Teilnahme an Schulungs- und Bildungsveranstaltungen
- Besprechungen mit Beschäftigten
- Entgegennahme von Beschwerden der Arbeitnehmer und deren Prüfung
- Besuch auswertiger Betriebsteile oder Betriebsstätten
- Teilnahme an Sitzungen der Einigungsstelle

Anhang 4
Musterschreiben Mitteilung an den Arbeitgeber über Teilnahme an einer Schulung (§ 37 Abs. 6 BetrVG)[48]

An die
Geschäftsleitung

Ort …, Datum …

Teilnahme an einer Schulungs- und Bildungsveranstaltung nach § 37 Abs. 6 BetrVG

Sehr geehrte Damen und Herren,

der Betriebsrat hat in seiner Sitzung vom … beschlossen, dass das Betriebsratsmitglied Herr/Frau … **(Name)** … an dem Seminar … (**Seminartitel**) teilnehmen wird.
Das Seminar wird in der **Zeit** von … (… Uhr) bis … (… Uhr) in …… durchgeführt.
Veranstalter ist … (**Name des Veranstalters**).
Bei dem Seminar handelt es sich um eine Schulungs- und Bildungsveranstaltung nach § 37 Abs. 6 BetrVG. Sie vermittelt Kenntnisse, die für die derzeitige und künftige Arbeit des Betriebsrats (bzw. der Jugend- und Auszubildendenvertretung) **erforderlich** sind.
Die Erforderlichkeit ergibt sich insbesondere aus folgenden Umständen …
Zu Ihrer Information fügen wir eine Übersicht über die **Themen des Seminars** bei (Anlage).
Es wird darauf hingewiesen, dass Sie verpflichtet sind, das Herrn/Frau … zustehende **Arbeitsentgelt** während des Seminaraufenthaltes **fortzuzahlen** und die aus Anlass der Teilnahme am Seminar entstehenden **Kosten zu erstatten** (§ 37 Abs. 6 in Verbindung mit § 40 BetrVG).
Die Kosten des Seminars betragen insgesamt … Euro zzgl. MwSt.
Bei der Festlegung der **zeitlichen Lage** der Teilnahme an der Schulungsveranstaltung hat der Betriebsrat die betrieblichen Notwendigkeiten berücksichtigt.

Mit freundlichen Grüßen
…
(Unterschrift Betriebsrat)

Anlage: Übersicht über die Themen des Seminars

48 Quelle: Schoof, Betriebsratspraxis von A – Z, 16. Auflage 2024.

Anhang 5
Musterschreiben Mitteilung an den Arbeitgeber über Teilnahme an einer Fortbildung (§ 37 Abs. 7 BetrVG)[49]

An die
Geschäftsleitung | Ort …, Datum …

Teilnahme an einer Schulungs- und Bildungsveranstaltung nach § 37 Abs. 7 BetrVG

Sehr geehrte Damen und Herren,

hierdurch wird mitgeteilt, dass das Betriebsratsmitglied Herr/Frau … **(Name)** … zwecks Wahrnehmung seines/ihres Schulungsanspruchs nach § 37 Abs. 7 BetrVG an dem Seminar … (**Seminartitel**) teilnehmen wird.
Das Seminar wird in der **Zeit** von … (… Uhr) bis … (… Uhr) in …… durchgeführt.
Veranstalter ist … **(Name des Veranstalters).**
Die Schulungsveranstaltung ist vom … (Name der »obersten Arbeitsbehörde«) unter dem Aktenzeichen … als **geeignet** im Sinne des § 37 Abs. 7 BetrVG anerkannt worden.
Es wird darauf hingewiesen, dass Sie verpflichtet sind, das Herrn/Frau … zustehende **Arbeitsentgelt** während der Zeit des Seminarbesuchs **weiterzuzahlen** (§ 37 Abs. 7 BetrVG).
Die **zeitliche Lage** der Teilnahme an der Schulung hat der Betriebsrat in seiner Sitzung am … beschlossen. Dabei hat er die betrieblichen Notwendigkeiten berücksichtigt.

Mit freundlichen Grüßen
…
(Unterschrift Betriebsrat)

---

49 Quelle: Schoof, Betriebsratspraxis von A – Z, 16. Auflage 2024.

Anhang 6
Ablaufschema bei ordentlicher (fristgemäßer) Kündigung eines Betriebsratsmitglieds

Arbeitgeber beabsichtigt ordentliche Kündigung

Grundsatz: Ordentliche Kündigung ist nicht möglich
Ausnahmen:
§ 15 Abs. 4 KSchG (Kündigung wegen Betriebsstillegung)
§ 15 Abs. 5 KSchG (Kündigung wegen Abteilungsstilllegung)

↓

Anhörung des Betriebsrats, § 102 BetrVG

↓	↓
Betriebsrat **stimmt zu**	Betriebsrat **widerspricht** (innerhalb der 1-Wochen-Frist)
↓	↓
Arbeitgeber darf kündigen	Arbeitgeber kann kündigen, er muss der Kündigung aber eine **Abschrift des Widerspruchs beifügen**
	↓
	Nutzen eines Widerspruchs: Der Widerspruch führt nicht zur Unwirksamkeit der Kündigung, der Widerspruch begründet aber, wenn der Betroffene Kündigungsschutzklage einlegt, einen **Anspruch auf Weiterbeschäftigung und Weitervergütung** bis zum Ende des Prozesses

Anhang 7
Ablaufschema bei außerordentlicher (fristloser) Kündigung eines Betriebsratsmitglieds

Arbeitgeber beabsichtigt außerordentliche Kündigung

Außerordentliche Kündigung grundsätzlich immer möglich
(wenn ein wichtiger Grund vorliegt!)

↓

Anhörung des Betriebsrats, § 103 BetrVG

↓ ↓

Betriebsrat **stimmt zu** (durch ausdrückliche Erklärung)

↓

Arbeitgeber darf kündigen

Betriebsrat **stimmt nicht zu oder äußert sich nicht** (innerhalb der 3-Tages-Frist)

↓

Arbeitgeber muss **Ersetzung der Zustimmung** beim Arbeitsgericht beantragen

↓ ↓

Arbeitsgericht **ersetzt** Zustimmung

↓

Arbeitgeber darf kündigen

Arbeitsgericht **ersetzt** Zustimmung **nicht**

↓

Arbeitgeber darf nicht kündigen **(Zustimmung bzw. die Ersetzung ist Voraussetzung für die Wirksamkeit einer fristlosen Kündigung)**

Stichwortverzeichnis

Kompetenz verbindet

Christian Schoof

Betriebsratspraxis von A bis Z

Das Lexikon für die betriebliche Interessenvertretung
(inklusive Online-Zugriff auf alle Inhalte)
17., aktualisierte Auflage
2026. Ca. 3.117 Seiten, kartoniert
€ 64,–
ISBN 978-3-7663-7602-2

Von der »Abmahnung« bis zum »Zeugnis«: Tauchen in der täglichen Betriebsratsarbeit Fragen auf, hilft der Griff zum »Schoof«. Auf neuestem Stand informiert das bewährte Lexikon über die Aufgaben, Rechte und Handlungsmöglichkeiten des Betriebsrats und über Ansprüche und Pflichten der Beschäftigten.

Das Lexikon behandelt über 210 zentrale Themen, zur Arbeit des Gremiums (wie Betriebsratssitzung, Betriebsversammlung, Geschäftsordnung) und zur Vertretung der Interessen von Beschäftigten (wie Arbeitszeitflexibilisierung, Kündigung, Versetzung).

Darüber hinaus liefert der »Schoof« grundlegendes Wissen zu sozialrechtlichen Themen wie Arbeitslosengeld, Betriebliches Eingliederungsmanagement, Pflegezeit oder Unfallversicherung. Zu allen Themen ist die wesentliche Rechtsprechung eingearbeitet und ausgewiesen.

Schwerpunkte der Neuauflage:
- Änderungen im MuSchG
- Fortlaufende Digitalisierung für Arbeitsverträge, Arbeitszeugnisse oder Elternzeit
- Inkrafttreten der europäischen KI-VO
- Koalitionsvertrag der neuen Bundesregierung

Bund-Verlag